DANIEL FESTUGIERE

SES FUNÉRAILLES

DANIEL FESTUGIERE

ANCIEN AUDITEUR AU CONSEIL D'ÉTAT,
CHEVALIER DE L'ORDRE DE LÉOPOLD DE BELGIQUE,
OFFICIER DE L'ORDRE ROYAL DE SUÈDE.

SES FUNÉRAILLES

TÉMOIGNAGES DE DOULOUREUSE SYMPATHIE

ENVOYÉS A SA FAMILLE

*Beati mortui qui in
Domino moriantur.*
(Apoc. — XIV — V. 13.)

BORDEAUX

IMPRIMERIE BORDELAISE J. LAMARQUE
rue Porte-Dijeaux, 43.

1875

DANIEL FESTUGIERE

Il y a quelques mois à peine, une tombe se fermait, et la mort venait ravir, à l'affliction de tous les siens, un vaillant jeune homme qui ne s'était fait que des amis. Il alliait la bonté du cœur à l'élévation du caractère. Il était chevaleresque par entraînement de nature, généreux sans ostentation et faisait le bien avec persistance, même s'il rencontrait des ingrats. A Paris, il était l'hôte aimable et recherché des salons; dans son Ruat(1), qu'il aimait tant, il se sentait si doucement, si moralement heureux, qu'il ne s'en pouvait détacher.

Pauvre et cher Daniel!...

(1) Château de Ruat, au Teich.

Qu'ajouterai-je de plus? ma douleur serait moins éloquente que les pages qui vont suivre. Elles feront connaître à tous ceux qui l'ont approché et apprécié les regrets sans nombre que sa mort a causés, et les témoignages de touchante sympathie qui sont parvenus à sa famille désolée. A ses amis sans nombre, il sera doux de voir leur douleur si vivement partagée. Les personnes qui lui sont redevables de quelque bienfait, celles qu'il a obligées avec l'impétuosité de sa bonne nature qui lui était une douce habitude, et qu'il pouvait obliger encore, comprendront, en lisant ces lignes, la perte irréparable qu'ils viennent de faire. Ses coreligionnaires en croyance politique, tous ceux qui combattaient avec lui pour le triomphe de la cause nationale, et qui sentent le vide profond qu'il a laissé dans leurs rangs, verront comme en haut lieu on prisait la valeur de sa fidélité et de son inaltérable dévoûment. Quel plus bel éloge pourrait-on faire de notre cher Daniel, que de rappeler ces paroles augustes de Sa Majesté l'Impératrice : « Il était l'ami des mauvais jours ! »

Extrait du JOURNAL DE BORDEAUX

Samedi, 1ᵉʳ août, la population du Teich s'était fraternellement unie devant la triste majesté de la mort. La terrible faucheuse venait de lui ravir l'un de ses enfants bien-aimés, elle entourait sa froide dépouille ; elle lui apportait toutes ses larmes et ses prières.

Mais elle n'était pas seule... De toutes les communes, et des cantons d'Audenge et de Belin, s'étaient rendus des députations et des amis sans nombre. Il fallait cette solidité, cet abandon dans l'attachement, dans la considération, dans le respect, pour que toutes les opinions s'effaçassent.

De Bordeaux aussi on était accouru. C'était une de ces manifestations qui protestent contre les attaques sans cesse tournées contre l'humanité. L'homme est naturellement bon. Seule, la lutte des intérêts n'engendrerait pas tout le mal ; l'orgueil et la sottise l'alimentent de ses plus dangereux combattants...

Mais détournons-nous de ces tableaux, et prions au milieu de la foule éplorée.

Le deuil est conduit par M. de Lagrange, un des proches de la famille, et par MM. de Mayrena, amis particuliers du cher mort.

Les cordons du poêle sont tenus par les autorités de la commune et du canton.

Les orphéons, bannière en tête, les écoles, sont là.

Sur l'une des riches bannières se détache cette inscription en lettres d'or :

Donnée par Daniel Festugiere

L'église ne peut contenir la foule. Nous y avons vu un uniforme : le capitaine d'état-major Abria, ami du château, était venu, la veille, apporter son concours actif; il avait jusque-là refoulé ses larmes, mais dans le lugubre cortége il n'était plus maître de son cœur.

Mme Espinasse avait voulu ne se séparer de son frère qu'à la porte même du caveau qui devait, à Bordeaux, recevoir sa dépouille. Au moment où le cher mort était enlevé de l'église et placé sur le char qui l'allait emporter, la noble femme perdit son énergie; sa douleur, ses sanglots, furent un déchirant spectacle ; tous les cœurs lui répondirent, et M. le chanoine Belleville, curé de Notre-Dame de Bordeaux, ne pouvait contenir son émotion.

Il n'y avait pas en lui le prêtre seulement, le directeur et le consolateur des âmes : il y avait l'ami, l'excellent ami.

La famille avait désiré qu'aucun discours ne fût prononcé. A l'église même, M. le curé du Teich, qui officiait, avait gardé le silence. Qu'eût-il appris à la foule qu'elle ne sût déjà. Daniel Festugiere était la meilleure nature qui fût au monde.

Plusieurs discours avaient été préparés. Celui qui dompte son émotion en traçant ces lignes, avait, en quelques mots, résumé toute l'existence de l'ami qu'il a perdu. Il lui sera pardonné de les reproduire ici. S'il maîtrise sa sensibilité, il est tout entier dominé par son cœur. Les voici donc :

« Messieurs,

» Permettez-moi d'adresser à l'ami que nous venons
» de perdre un dernier adieu.

» Il y a autre chose ici qu'une froide dépouille ; il y
» a une âme sympathique venant de Dieu, et que Dieu
» a rappelée : elle nous voit, nous entend et nous
» juge.

» Elle nous juge, Messieurs, dans toute la plénitude
» de sa liberté, et j'ai l'espoir qu'elle est aussi indul-
» gente qu'elle a été ferme dans l'amitié et dans tous
» les bons principes auxquels elle obéissait, avec un si
» doux contentement d'elle-même.

» Il n'en pourrait être autrement. C'était une âme
» d'élite.

» Les bons exemples de la famille l'avaient pré-
» munie contre les embûches terrestres. La tendresse
» maternelle l'avait éclairée et, pour ainsi dire, fa-
» çonnée.

» Cette belle âme avait vu dans les siens une seconde
» Providence, étendant ses bienfaits à toutes les souf-
» frances, à toutes les infortunes ; aussi était-elle sans
» cesse à la recherche des services qu'elle pourrait
» rendre, du bien qu'elle désirait faire.

» Quel deuil et quel vide !

» On ne le verra plus, l'excellent jeune homme, ap-
» porter en tout lieu sa franche et communicative gaîté,
» rayonnement de sa conscience tranquille ! On ne l'en-

» tendra plus donner les bons conseils de sa calme
» raison.

» Déjà, Messieurs, il s'était exercé aux fonctions
» publiques, dans la haute magistrature placée na-
» guère près du Souverain pour préparer les lois. Il y
» avait apporté dès ses débuts, de solides qualités
» d'observation, de la pénétration et cette réserve at-
» tentive qui prête un charme au mérite.

» Le bruit sert trop souvent à masquer ce qui fait
» défaut dans l'intelligence. Il pouvait montrer toute
» la sienne et en être fier. Il préférait les actes aux
» paroles. Il laissait aux brouillons leur féconde jac-
» tance; il semait patiemment, courageusement, et se
» préparait pour la bonne moisson.

» La vie politique le sollicitait.

» Il ne voulait pas en escalader les murailles pour
» y déployer une ambition immodeste; il ne songeait
» qu'à se rendre utile à son pays. Il avait l'amour des
» grandes choses et ne recherchait pas les profits de
» la gloire...

» C'était une volonté sous des dehors aimables qu'on
» a pu croire légers; c'était surtout un caractère.

» Il avait la foi politique, Messieurs, parce qu'il
» avait la foi religieuse. La foi est une : elle s'applique
» à tous les nobles sentiments, à tout ce qui fait l'hom-
» me grand et libre.

» Il croyait et se trouvait heureux de croire. Il ne
» pouvait s'imaginer que le droit, la justice et la vérité
» pussent être sacrifiés aux calculs de l'orgueil et de
» l'ambition.

» Le peuple, Messieurs, la cause du peuple perd en
» lui un défenseur ardent et convaincu.

» Je ne veux pas aller au-delà... Un mot encore,

» pourtant... Qu'il me soit permis de dire que la fidélité
» trônait dans son cœur : c'était une vertu de famille :
» et que, dans ses espérances, il rattachait, par des
» liens indissolubles, la cessation de l'exil de nos chers
» absents, au bonheur durable de la Patrie.

» Il y a des douleurs qu'il faut respecter. Leur offrir
» des consolations, ce serait presque un outrage. Pleu-
» rez noble famille...; mais souvenez-vous que la Reli-
» gion chrétienne a sanctifié la souffrance, et que cette
» vie périssable est l'épreuve qui obtient aux âmes
» fortes et courageuses tous les bonheurs de la vie
» éternelle.

» Vous le reverrez, votre Daniel tant aimé !...

» Adieu ! adieu cher mort, vivant de la vie véritable
» et glorieuse, tu vois à nos larmes quelle place tu
» tiens dans nos cœurs...

» Adieu !... non, au revoir !!!

La foule accompagna le cher mort jusqu'à la limite de la commune, et la séparation fut cruelle.

Le soir, à cinq heures, une cérémonie funèbre eut lieu dans l'église Saint-Bruno. La foule était considérable. Un grand nombre de notabilités, des dames, les amis particuliers de la famille étaient accourus.

Madame Espinasse recevait dans le salon du vénérable curé de la paroisse. Que de larmes encore, que de scènes de douleur !...

Les cordons du poêle étaient tenus par MM. le lieutenant-colonel Lamey, le capitaine d'état-major Abria, Charles et Raymond de Mayrena, Alexis Doinet..... et deux autres personnes de Bordeaux, dont les noms nous échappent.

M. le curé du Teich, l'honorable M. Fourton, maire, et son adjoint, des amis particuliers... étaient là ; et, chose touchante, tous les serviteurs du château et les familles qu'il occupe, étaient accourus et fondaient en larmes.

Le cher mort ne fut abandonné qu'à l'entrée du caveau. Il y eut là de nouveaux déchirements...

ALEXIS DOINET.

Extrait de L'ORDRE

On nous écrit de Bordeaux que M. Festugiere, ancien auditeur au Conseil d'Etat sous l'Empire, vient d'être en quelques jours emporté par une fièvre typhoïde.

Cette nouvelle, aussi inattendue que cruelle, — M. Festugiere devait avoir une trentaine d'années, — jettera une bien profonde et bien douloureuse consternation parmi tous ceux qui avaient pu apprécier les qualités d'esprit et de cœur qui distinguaient ce charmant jeune homme et lui avaient concilié, non-seulement dans le parti impérialiste auquel il était resté ardemment dévoué, mais dans tout le monde parisien, de si unanimes et si légitimes sympathies.

D. DE LA F.

Extrait du PAYS

Nous avons la douleur d'apprendre la mort d'un ami de nous tous, d'un brave, loyal et dévoué serviteur de l'Empire, d'un homme plein de jeunesse et d'espérance : de Daniel Festugiere !

Une fièvre typhoïde vient de l'emporter en quelques heures, au moment où sa nomination au conseil général de la Gironde, allait affirmer encore et l'estime générale dont il jouissait, et couronner l'utile propagande à laquelle il consacrait son ardente intelligence.

Peu d'hommes avaient soulevé plus d'amitiés sous ses pas et avait plus mérité l'estime de ses adversaires eux-mêmes.

Et pourtant, nous n'avons ici que ces quelques lignes émues à lui consacrer, et ce serait d'une triste insuffisance, si notre cœur ne suppléait à cette trop brève manifestation de notre douleur.

Partir si jeune, si fort, si croyant dans notre avenir prochain ! Mourir comme mouraient les Hébreux, sans avoir pu pénétrer dans la Terre promise, dans l'Empire pour lequel il avait tant fait, et au moment où tout nous sourit, où la République agonise, où le jeune Empire se lève à l'horizon, éclatant comme l'étoile du berger !

Tomber après, cela nous sera indifférent, comme il est indifférent au soldat de tomber sur le champ de bataille.

Mais avant, quand on est ce qu'était Daniel Festugière, c'est dur, bien dur, et nous le connaissions assez pour savoir que la dernière pensée qu'il a eue, c'est pour son pays, pour notre belle cause, pour notre jeune Prince !

Et c'est pour cela que nous avons voulu retenir un instant nos lecteurs autour de cette tombe ouverte encore, pour que l'on y jette de tous côtés ces fleurs de l'âme qui s'appellent le regret et l'attendrissement.

Paul DE CASSAGNAC.

Extrait du GAULOIS

Bordeaux, 1er août.

M. Daniel Festugière, ancien auditeur au Conseil d'Etat, vient de mourir dans toute la force de l'âge. C'est un deuil général dans la commune du Teich.

La cause de l'Appel au peuple perd en lui un défenseur chaleureux et convaincu. Il était l'homme de la fidélité, de la foi et de l'honneur. Ses amis, et il n'avait que des amis, sont consternés : ils n'oublieront jamais sa vaillante nature, son caractère droit et loyal, son âme délicate et dévouée, et dans l'accomplissement des devoirs politiques, ils l'associeront toujours au triomphe de la cause nationale, à laquelle il avait consacré sa vie.

LETTRES ADRESSÉES A LA FAMILLE

S. A. I. LE PRINCE IMPÉRIAL

A NAPOLÉON ESPINASSE

Arenenberg, 2 août 1874

Mon cher Espinasse,

Je vous écris un mot pour vous dire combien je partage votre douleur; elle doit être bien profonde et bien poignante, car tout le monde aimait et estimait ce pauvre Daniel.

Je suis sûr que vous me pardonnerez de venir me joindre à votre peine, car c'est un privilége des vrais amis de s'associer à la joie et au chagrin de ceux qui leur sont chers.

Je vous embrasse.

Votre affectionné ami,

NAPOLÉON.

☦

SA MAJESTÉ L'IMPÉRATRICE

A MADAME ESPINASSE

Arenenberg, par Ernalingen, canton de Turgovie,
2 août.

Ma chère Madame Espinasse,

Nous avons été douloureusement impressionnés en lisant dans l'*Ordre* la nouvelle du malheur affreux qui frappe votre famille; nous, nous perdons en votre frère un cœur dévoué et sincèrement attaché à notre cause; nos regrets sont bien profonds, et depuis que nous avons lu cette fatale nouvelle, nous tâchions de nous persuader que c'était une erreur du journal. Mais ce matin M. Clary a reçu une lettre qui nous enlève nos illusions.

Demain nous faisons dire une messe à Arenenberg pour le repos de son âme. Je ne pensais pas, lorsque je l'ai vu à Camden, que ce serait la dernière fois sur cette terre. Pauvre Espinasse! il va aussi être bien triste de la mort d'un oncle qu'il aimait tant. Ma pensée est près de vous, et je voudrais qu'il me fût permis de vous donner des consolations. Soyez, je vous prie, mon interprète auprès de vos parents; dites-leur bien combien je compâtis à leur malheur et au vôtre.

En perdant le compagnon de votre enfance et de votre jeunesse, il semble que le vide se fait; on se sent étranger au milieu d'amis; on ne peut plus échanger ses souvenirs, et à un moment de la vie, c'est par eux que les douces émotions renaissent. Je vous prierai de m'envoyer une carte photographique de votre frère, si vous en avez. Je désire conserver l'image de celui que je me plaisais à représenter comme un ami des mauvais jours.

Croyez, ma chère Madame Espinasse, à tous mes sentiments affectueux.

EUGÉNIE.

☦

TÉLÉGRAMME

S. A. I. Madame la PRINCESSE MATHILDE

A MADAME ESPINASSE.

Suis désolée, pauvre amie, je vous plains et suis avec vous.

MATHILDE.

30 juillet.

✝

S. A. I. Madame la PRINCESSE MATHILDE

A MADAME ESPINASSE

Saint-Gratien, 31 juillet.

Hier, le télégramme nous est parvenu, et je ne saurais vous dire, ma chère amie, le chagrin qu'il nous a causé. Je pense à vous, à votre douleur, à votre pauvre mère, et je ne sais comment y croire.

Ne perdez pas courage pour vos enfants, pour vos amis; surmontez cette terrible épreuve, tâchez de me donner de vos nouvelles, de me faire donner quelques détails. Plus j'y pense, plus cela me semble invraisemblable.

Je vous embrasse de tout mon cœur ainsi que vos chers enfants et vos parents, et ma pensée et mon cœur ne vous quittent pas.

Votre affectueuse,

MATHILDE.

☦

S. A. I. Madame la PRINCESSE MATHILDE

A MADAME FESTUGIERE.

Saint-Gratien, 8 août.

Chère Madame,

Je n'ai pas osé troubler votre douleur en venant vous parler de tous mes regrets pour le fils que vous pleurez, et je sens que tout ce que je pourrais vous dire ne peut que raviver votre douleur.

Sachez au moins que j'ai pris une part sincère à votre malheur, que ceux qui connaissaient votre fils partagent avec moi.

Que Dieu vous donne la force de supporter ses décrets et vous conserve pour ceux qui restent.

J'espère voir Madame Espinasse, et nous l'entourerons de toute l'affection qu'elle nous inspire.

Votre très dévouée,

MATHILDE.

J'embrasse les petites.

✝

TÉLÉGRAMME.

Monseigneur le Cardinal Bonaparte à Monsieur Festugiere.

Rome, le 12 août 1874.

Monsieur,

Le cardinal Bonaparte a pris part à la perte douloureuse que vous venez de faire en la personne de Jean-Marie-Daniel, votre fils, et il a déjà prié pour le repos de son âme.

✝

S. A. Madame la princesse Christine Bonaparte.

Ma chère Madame Espinasse,

C'est avec un si vif chagrin que j'apprends l'affreux malheur qui vient de vous frapper, que je ne puis résister au désir de vous dire au moins par écrit, combien je pense à vous, et la part sincère que je prends à votre profonde douleur. Que Dieu vous soutienne, pauvre amie, et vous donne la force de supporter cette cruelle épreuve. Je l'implore pour vous du fond de l'âme. Hélas! c'est tout ce que je puis.

Mon mari se joint à moi pour vous exprimer sa profonde sympathie.

Adieu, bien chère Madame Espinasse, comptez à jamais sur ma vive et inaltérable affection; bien à vous.

Christine.

✝

Madame la Princesse Julie, marquise Roccagiovini, à Madame Festugiere.

Chère Madame,

Permettez à une personne qui a beaucoup souffert de venir pleurer avec vous; comme tous ceux qui connaissaient le bon et aimable Daniel, je l'aimais beaucoup. Vivez pour vos petits enfants qui vous adorent et auxquels vous êtes si nécessaires, vous et votre excellent mari. Je vous serre la main à tous deux.

Votre sincèrement dévouée,

Julie.

✝

Madame la comtesse Primoli, princesse Charlotte Bonaparte, à Madame Espinasse.

Ariccia, par Albano, 6 août.

MA CHÈRE AMIE,

Je lis dans le *Gaulois* la fatale nouvelle, et je ne perds pas un moment pour vous dire la vive part que je prends à cet affreux malheur ! Je pense à celui que nous perdons, à votre pauvre mère, à votre père, à ces chers enfants, et je pleure avec vous tous. Croyez bien que c'est du fond du cœur que je m'associe à votre si cruelle perte, et que je voudrais bien, dans ce cruel moment, me trouver près de vous pour mêler mes larmes aux vôtres.

Parlez de moi avec tendresse à votre bonne mère, dites-lui que n'osant pas lui écrire, c'est à vous que j'adresse ma lettre.

Mon mari et mon fils, pénétrés des mêmes sentiments, vous offrent à tous, leur plus sympathique souvenir.

Comment cet affreux malheur est-il arrivé? le *Gaulois* ne donne aucun détail. Quand vous aurez le courage d'écrire, pensez à moi, et dites moi ce qui vient de se passer... C'est si affreux, que j'ai de la peine à le croire ! Comme cette vie est une cruelle épreuve !

Adieu, chère amie, je vous embrasse du plus profond de mon cœur, et je vous assure à jamais de ma vive et profonde sympathie.

Votre dévouée amie,

Charlotte BONAPARTE.

✝

Madame la princesse Gabrielli, à Madame Espinasse.

Rome, 6 août.

MA CHÈRE MADAME,

Je suis navrée de l'immense perte que vous venez de faire. Hélas! qu'elle épreuve pour vous et vos chers parents. Je prie et je pleure avec vous tous. Je sais qu'il y a des douleurs telles que la religion seule peut les faire supporter. Je vous écris brièvement ; je n'ose même pas vous demander de me donner de vos nouvelles, ce serait pourtant une vraie consolation pour votre bien affectueuse,

Augusta GABRIELLI.

✝

Monsieur le Duc de Bassano, grand chambellan de l'Empereur, à Madame Espinasse.

Plombières, 30 août 1874.

MADAME,

J'apprends l'affreux malheur qui frappe si cruellement votre cœur. Bien des témoignages de sympathie vous seront offerts. Je vous demande de me compter au nombre de ceux de vos amis qui prennent une part plus vive à votre douleur. Je sais combien était grande l'affection qui vous unissait à votre excellent frère, combien vous devez souffrir; je m'associe de tout cœur à votre affliction. Puissent les regrets qui accompagnent votre cher frère, si aimé et estimé de tous, apporter un peu d'adoucissement à votre peine. Croyez que son souvenir restera cher à tous ceux qui l'ont connu.

A Arenenberg, où je me rendrai prochainement, la perte qui brise votre cœur sera bien vivement sentie, et votre chagrin sincèrement partagé.

Oserai-je vous prier de prononcer mon nom à Madame votre mère, en lui offrant l'expression respectueuse de ma sympathie pour son immense douleur? et veuillez bien recevoir, Madame, l'hommage de mon attachement bien dévoué.

Duc de Bassano.

✝

Monsieur le comte Clary, aide-de-camp de Monseigneur le Prince Impérial, à Napoléon Epinasse.

Arenenberg, 2 août.

Cher Ami,

Un mot à la hâte pour vous envoyer cette lettre du prince et vous dire combien, moi et tous les habitants d'Arenenberg prennent part à votre douleur.

La mort du pauvre Festugiere est un vrai chagrin pour tous.

L'Impératrice écrit à votre mère et partage bien votre douleur.

Donnez de vos nouvelles au Prince, vous lui ferez plaisir.

Au revoir, cher ami, croyez, je vous prie, à mes sentiments bien sincères.

Cte CLARY.

✝

Madame Le Breton, lectrice de Sa Majesté l'Impératrice, à Madame Epinasse.

Arenenberg, 5 août.

Vous ne doutez pas un instant, chère amie, de la part que je prends au malheur qui vous frappe!

Je prie Dieu pour votre bon et excellent frère! je le prie aussi pour qu'il vous donne à tous la force de supporter ce grand malheur; pauvre Madame Festugiere, comme je pense à elle, je ne doute pas que Dieu dans sa miséricorde ne lui donne le courage de supporter une semblable douleur, mais la guérir, jamais.

Je suis bien à vous de tout cœur.

A. LE BRETON.

✝

TÉLÉGRAMME

Monsieur ROUHER
Ancien Ministre de l'Empereur,

à *Madame Espinasse,*

château de Ruat.

Paris, 31 juillet.

Prenons la plus grande part à votre douleur, en présence de l'affreux événement qui nous frappe tous.

Rouher.

✝

Madame Rouher, à Madame Espinasse.

Vendredi, 31 juillet.

Ma pauvre chère Amie,

J'apprends l'affreux malheur, j'en suis anéantie, et je ne trouve pas un mot pour vous exprimer à quel point je suis affligée. Pauvre, pauvre cher garçon! si bon, si dévoué! C'est à n'y pas croire. Louise va être bien affligée, elle aussi. Dites à votre malheureuse mère que je la plains, que je pleure avec elle du plus profond de mon cœur. Je vous aime bien tous et vous embrasse sincèrement.

Votre amie toujours.

L. ROUHER.

Mon mari a bien du chagrin aussi. Tous nos amis sont dans le deuil et la consternation devant cet abominable malheur.

☦

Madame la comtesse de La Valette à Madame Espinasse.

MA CHÈRE MADAME,

A notre retour de voyage, j'apprends l'affreux malheur qui vient de vous frapper ; je veux aussitôt venir vous exprimer le chagrin que nous avons ressenti, Monsieur de La Valette et moi, de la mort de votre pauvre et cher frère, que nous comptions parmi nos meilleurs amis. Je sais bien que, dans de pareilles afflictions, les consolations ne peuvent se donner; mais si il y a une certaine douceur à trouver auprès de soi des sympathies sincères, mettez-nous, je vous en prie, au premier rang de ceux qui pleurent avec vous le bon et charmant homme qui vient d'être enlevé si tristement en pleine jeunesse.

Puis-je vous demander de dire à Monsieur votre père et à Madame votre mère combien nous sommes de cœur avec vous tous ? et vous, chère Madame, laissez-moi vous embrasser bien tendrement et vous prier de croire à toute ma vraie et sincère amitié.

ROUHER, comtesse de LA VALETTE.

†

Mademoiselle Louise Rouher, à Madame Espinasse.

Dinard, 2 août.

MA CHÈRE MADAME,

J'apprends aujourd'hui seulement par une lettre de Paris l'affreux malheur qui vous frappe. Je ne puis que vous dire à quel point j'en suis bouleversée et combien profondément je m'associe à votre douleur. Je pense à vous, à votre bonne et chère mère, et je ne puis pas croire que Dieu ait voulu vous éprouver aussi cruellement. Ah ! que de force d'âme, que de résignation chrétienne il faut avoir pour accepter sans murmurer les décrets d'en haut; et comment aimer une vie qui renferme tant de souffrances? Je voudrais être auprès de vous, non pour chercher à diminuer votre chagrin, mais pour pleurer avec vous celui que nous aimions tous.

Soyez sûre que ma pensée ne vous quitte pas dans ces tristes jours. Je prie pour vous tous et je vous aime plus tendrement que jamais.

Embrassez bien les pauvres chers petits, dites à Madame Festugiere toute ma sympathie, toute ma respectueuse affection, et pour vous, chère Madame, recevez l'assurance de ma profonde et inaltérable affection.

Louise Rouher.

✝

Madame la duchesse de Cambacérès, à Madame Espinasse.

Ce 1ᵉʳ août.

Chère Madame,

Je lis à l'instant dans mon journal l'affreux malheur qui vient de vous frapper si cruellement; ainsi que vos malheureux parents. Je ne puis résister au triste désir de vous exprimer toute la peine que je ressens en vous sachant si malheureuse. M. de Cambacérès et mes enfants sont comme moi atterrés de cette triste nouvelle, et, comme moi, veulent vous offrir leurs bien sincères compliments de condoléance. Je n'ose écrire directement à votre pauvre mère; mais, vous, chère Madame, dites-lui, ainsi qu'à Monsieur votre père, toute la part que nous prenons à une douleur que rien ne peut calmer! Votre frère était aimé de tous ceux qui le connaissaient, et moi qui l'avais vu si jeune, je le regrette bien sincèrement, et je joins mes larmes aux vôtres, ainsi que mes prières.

Comptez, chère Madame, sur toutes mes sympathies et sur ma vive affection.

Duchesse de Cambacérès.

✝

*Monsieur de Forcade, ancien ministre de l'Empereur,
à Madame Espinasse.*

Malromé, 3 août 1874.

CHÈRE MADAME,

Je viens de lire dans le *Journal de Bordeaux* une affreuse nouvelle à laquelle je ne puis croire encore. Daniel n'est plus! Ses obsèques ont eu lieu samedi. Quelle douleur pour vous, pour votre mère, pour tous les vôtres! Tous, nous sommes atteints à des degrés divers.

J'ignorais même que Daniel fût malade.

J'ai quitté Paris vendredi soir et j'ai voyagé à petites journées par La Rochelle, Rochefort et Saintes, pour visiter le chemin de fer des Charentes. J'arrivais à Malromé le dimanche soir, et c'est en ouvrant, hier, le *Journal de Bordeaux*, que j'ai connu le malheur si cruel et si inattendu qui vient de frapper votre famille.

Veuillez être l'interprète de ma profonde et douloureuse sympathie auprès de votre père et de votre mère, et croire que je suis de cœur avec vous dans cette horrible épreuve qui vous est imposée.

DE FORCADE.

✝

Madame A. de Forcade à Madame Festugiere.

Martigny-en-Vosges, 7 août 1874.

CHÈRE MADAME,

J'apprends à l'instant l'affreux malheur qui vous frappe, et je veux vous dire que je pleure avec vous l'aimable et excellent frère que vous avez perdu. Je l'ai connu enfant, et personne ne l'appréciait plus que moi. Que vous dire qui ne soit bien banal devant un coup si inattendu ? Nous n'avons rien su de sa maladie, et ma fille, qui est à Arcachon, me priait il y a quelques jours de vous annoncer sa visite. Ah ! chère dame et amie, embrassez tendrement votre pauvre mère en mon nom. Soutenez-la, aidez-la, cela seul pourra vous donner des forces dans votre légitime douleur. Votre pauvre père doit être écrasé. Soyez vaillante et forte pour ces pauvres parents, croyez à ma profonde sympathie et à mon inaltérable affection.

Votre bien affectionnée,

A. de Forcade.

✝

Madame Magne à Madame Festugiere.

Château-de-Montaigne, le 13 août 1874.

Bien chère Madame,

C'est avec une vive peine que Monsieur Magne et moi avons appris le malheur qui vient de vous frapper. Veuillez nous permettre de vous envoyer nos sympathies à l'occasion de ce douloureux événement.

J'ai passé par la même douleur. Je sais alors comprendre la vôtre !... Hélas, que de chagrin dans la vie. Vous, chère Madame, si forte, si courageuse, vous supporterez avec résignation cette immense douleur;

votre foi si vive vous donne l'espérance de retrouver dans un monde meilleur ce fils que vous avez perdu... Cette séparation n'est que passagère; nous serons, vous et moi, réunis un jour à ces chers enfants que nous pleurons.

En attendant, je m'unis à vous, chère Madame, pour demander à Dieu ses bénédictions pour l'âme de ce cher Monsieur Daniel.

Veuillez me rappeler aux bons souvenirs de Madame Espinasse, de vos chères petites filles, toutes les trois seront vos anges consolateurs. Ne m'oubliez pas auprès de Monsieur Festugiere, que nous plaignons beaucoup, et recevez pour vous, bonne chère Madame, l'expression de mes sentiments affectueux et pleins de regrets.

Célestine MAGNE.

†

Madame la baronne Jérôme David, à Madame Festugiere.

Aix-les-Bains, 12 août, sept heures.

Permettez-moi, chère Madame Festugiere, de vous exprimer directement la part très grande et très profonde que nous prenons, mon mari et moi, à votre immense affliction !

Pauvre mère ! regardez le ciel où est votre fils, et pour que la terre vous semble moins dure sans lui, donnez-nous un souvenir, et vous trouverez alors qu'il est des cœurs plus malheureux que le vôtre.

Ah ! mon Dieu ! mon Dieu ! n'est-il pas affreux de penser que votre cher fils et mon fils adoré étaient tous deux si bien portants et si heureux l'année dernière ! Et maintenant !... Enfin, Dieu le veut. Soumettons-nous, et prions-le.

Je vous offre, chère Madame, ainsi qu'à Monsieur Festugiere, l'expression de nos regrets pour mon mari et moi, et celle de mon entière sympathie.

L. DAVID.

✝

Monsieur le premier président Devienne à Madame Festugiere.

Chaponnet, par St-Genes Laval (Rhône), 15 août.

MADAME,

Il me semble qu'après le coup terrible qui vous a frappée, vous avez dû être étonnée de ne pas recevoir de moi un signe de souvenir. Par ce temps où les nouvelles circulent si rapidement, je n'apprends qu'aujourd'hui la perte cruelle et si soudaine qui vous afflige depuis quinze jours.

Je suis, hélas ! trop bien placé pour apprécier une douleur dont rien ne console. Au moment où votre fils allait bientôt vous créer une famille, à l'âge où tout est espérance, ou au moins douces illusions, voilà que votre fils, qui semblait si loin d'une telle atteinte, vous est enlevé.

Je me mets bien en pensée au milieu de votre si gracieuse famille. Je vois le père vieux comme moi et frappé de même, de madame votre fille, si préoccupée de l'avenir de ce frère aimé. Quant à vous, Madame, vous êtes mère, et les mots manquent pour dire les sympathies que votre douleur éveille. Cet enfant devait vous être cher par les espérances et même par les préoccupations qu'il pouvait vous avoir causées. On aime ses enfants par toutes les causes. On triomphe de les avoir conduits à bien et vous aviez bien gagné le succès.

Veuillez donner mon triste souvenir à tout ce qui vous entoure. Je suis encore un convalescent. Ma santé ne me permet pas les projets ; mais un qui me serait douloureusement précieux serait d'aller à Ruat vous serrer à tous la main, si mes forces me permettent d'aller à Ravignan cette année.

Je vous prie de me regarder comme des plus affectés de votre malheur.

DEVIENNE.

Des déplacements compliqués de mon état de santé ont amené le retard pour moi de la triste nouvelle.

☨

Monseigneur le cardinal Donnet, archevêque de Bordeaux, à Madame Festugiere.

L'ami si sûr, si dévoué que vous m'avez député hier, m'a profondément ému par le récit qu'il m'a fait des derniers instants de votre bien-aîmé fils, combien j'étais éloigné de prévoir un pareil malheur, en parlant dimanche dernier avec Madame Espinasse et ses chères enfants de tous les habitants de Ruat, qu'elles étaient venues représenter aux fêtes religieuses et nautiques d'Arcachon. Je vous remercie, madame, de n'avoir pas douté de la douleur sympathique que m'a fait éprouver la mort si imprévue de ce cher Daniel. Dieu, en vous enlevant ainsi une partie de la joie de votre foyer, vous envoie la plus cruelle épreuve qu'il peut imposer à votre résignation chrétienne et à celle du père et de la sœur. J'unirai mes prières aux vôtres en faveur de ce cher défunt, et je célébrerai la messe pour lui demain dans le sanctuaire si vénéré et si ancien de Notre-Dame de la Fin-des-Terres.

Je sais que M. Fonteneau se propose d'aller vous voir, et célébrer le saint sacrifice un jour de la semaine prochaine dans l'église du Teich.

Agréez, Madame, la nouvelle assurance de mon respectueux et inaltérable dévouement.

Ferd. cardinal Donnet, archevêque de Bordeaux.

☦

Monsieur Charles Abbatucci, député, ancien conseiller d'Etat, à Madame Espinasse.

31 juillet 1874.

Chère Madame,

Nous apprenons à l'instant même l'affreux malheur. Nous sommes atterrés de ce coup terrible, nous vous plaignons de toute notre âme, vous, la pauvre mère, le malheureux père !

Dieu est terrible dans ses desseins.

Votre tout dévoué.

Charles Abbatucci.

✝

Monsieur le général Vinoy à Monsieur Festugiere.

Luchon, 10 août 1874.

Mon cher Monsieur Festugiere,

Je n'ai pas besoin de vous dire combien nous avons été douloureusement affectés en apprenant le malheur affreux qui est venu vous frapper, en vous enlevant ce pauvre Daniel que nous affectionnons de tout cœur, comme toute votre famille. Mme Vinoy a écrit à MM. Festugiere et Espinasse pour leur dire toute la part que nous prenions à votre affliction, et nous serions bien heureux de recevoir quelques mots de votre part, car la vraie amitié ne consiste pas moins à partager les chagrins que les joies de la vie. Quelque douloureuse que soit l'épreuve qui vous a été envoyée, c'est à vous de donner l'exemple de la patience et de la résignation à votre famille; vous savez tout notre attachement pour elle, veuillez en renouveller l'assurance à tous et donnez-nous de vos nouvelles, peut-être que cela vous fera du bien au cœur, et à nous tant de plasir.

Je vous serre les mains de toute mon amitié.

Général VINOY.

☨

Madame Vinoy, à Madame Festugiere.

Luchon, 4 août 1874.

Pauvre mère, pauvre père, que je vous plains !.. Je voulais douter encore, hélas! la lettre de Madame Thomassin ne nous permet plus de doute.

Je n'essaierai point mes chers amis de vous adresser des consolations, mais je vous dirai seulement, que le Général et moi partageons votre douleur.

Vous aviez élevé un homme de bien, aimé et estimé de tous ceux qui l'ont connu, la mission que Dieu vous a confiée vous l'avez accomplie; votre cher Daniel emporte les regrets et l'estime de tous ceux qui l'ont connu, là est votre consolation.

Je ferai tout mon possible pour m'arrêter quelques heures à Ruat en rentrant à Paris, je veux vous embrasser mes chers bons amis. — Au revoir mes pauvres affligés, croyez que vous avez en nous de bons et sincères amis. — Je pense que Marie a reçu ma lettre. Pauvre cœur dévoué et bien admirable, me dit Madame Thomassin.

Je vous embrasse tous de tout mon cœur d'amie, le Général fait de même.

Amélie VINOY.

✝

Monsieur le Général Bourbaki, commandant en chef l'armée de Lyon.

Lyon, 5 août 1874.

MON TRÈS CHER ET TRÈS HONORÉ MONSIEUR
FESTUGIERE,

J'apprends le malheur affreux qui vient de vous frapper, et c'est l'âme très endolorie que je viens vous dire la part que je prends à votre immense douleur.

Vous avez toujours été bien tendre pour ma femme et pour moi.

Dans les jours de malheur vous nous avez prouvé votre affection, et nous ne sommes pas des ingrats.

Nous pleurons donc la perte de ce cher Daniel, qui, entouré de vos tendresses, doué d'un si bon cœur et d'une si excellente nature, devait vivre longtems pour votre bonheur et le sien.

Nous le regrettons, lui, et nous pleurons sur l'éternel chagrin que sa perte vous laisse à vous, à sa tendre mère, à sa sœur, à son neveu et à ses nièces.

Votre bien respectueusement dévoué.

C. BOURBAKI.

✝

Madame Bourbaki à Madame Festugière.

BIEN CHÈRE ET MALHEUREUSE AMIE,

Quelle affreuse nouvelle vient de nous arriver!... Votre cher Daniel si bon, si heureux, vient de vous être enlevé à la suite d'une fièvre typhoïde. C'est horrible, je ne puis vous dire l'énorme chagrin que j'éprouve, et celui du général. Je vous écris le cœur bouleversé. Je pleure avec vous. Je sens votre douleur comme si elle était la mienne.

Je pense à Jules, frappé loin de vous par une peine si cruelle. Je vois l'affreuse douleur de ces derniers jours. Je vois votre maison en deuil et je voudrais être au milieu de vous.

M. de Mayrena nous écrit que vous êtes admirable de résignation. Pauvre mère! Votre âme si pieuse vous donne cette force sublime, et vous pouvez croire que le bon Dieu ne vous a enlevé un être si cher, si loyal, si honnête, que pour le soustraire aux peines de ce monde et lui donner plus tôt le bonheur éternel.

De tout mon cœur, je prie avec vous pour le pauvre enfant et je voudrais pouvoir vous accompagner à cette église de village où dans des jours de si grande inquiétude vous priiez avec tant de bonté pour mon cher général.

Soyez convaincue, chere amie, que le général et moi sommes de ceux qui souffrons le plus avec vous, de la perte si cruelle de ce cher fils, que nous aimions et apprécions sincèrement; nous voudrions que cette pensée put être une douceur pour votre cœur si malheureux. Je vous embrasse tendrement, ainsi que M. Festugière, Mme Espinasse et les enfants.

Céline Bourbaki.

✝

Madame la maréchale Niel à Madame Espinasse.

Ce 21 août 1874.

Chère Madame,

Je viens de traverser Paris et d'y trouver le billet de deuil m'annonçant le malheur inattendu qui vous a frappée comme un coup de foudre. Croyez à la part bien vive que je prends à cette nouvelle douleur de votre vie. Je plains de tout mon cœur vos malheureux parents. Veuillez leur exprimer ma profonde sympathie, et recevoir l'assurance de mes sentiments affectueux.

Maréchale NIEL.

Château d'Aufréry, par Toulouse (Haute-Garonne).

✝

Madame la maréchale Le Bœuf, à Madame Espinasse.

Au Mancel, 12 août.

TRÈS CHÈRE AMIE,

J'apprends la triste nouvelle ! Au milieu des douleurs qui vous frappent et de celles qui vous entourent et que votre piété filiale doit consoler, je voudrais que ce billet sût vous dire la part bien vive que nous y prenons ! Ceux qui ont beaucoup souffert savent comprendre et partager ces rudes coups de la destinée que notre foi doit appeler la Providence; à ce compte-là, nous sommes en droit de nous associer à vos si légitimes regrets et de vous assurer de nos sentiments de triste et profonde sympathie.

Quand vous en aurez le courage parlez-moi de votre digne mère, combien je pense à elle, et que je plains ce pauvre cœur maternel si cruellement déchiré ! Le temps nous inflige par la mort de ceux que nous aimons, les plus redoutales épreuves ; mais Dieu est là et pour ceux qui restent et pour les appelés qui s'en vont, vous l'avez dit, je le répète avec vous : Heureux sont ceux qui meurent dans le Seigneur !

A vous, bien à vous, d'un cœur affligé.

Maréchale Le Bœuf.

☦

Madame l'amirale Bruat, à Madame Espinasse.

Ris, 11 août 1874.

Chère Madame,

Je prends la plus vive part à votre amère affliction et nous sommes tous associés aux légitimes et poignants regrets de votre famille !

Quel coup inattendu au milieu de tant de jeunesse et de brillantes espérances ! Ne semblait-il pas que votre part dans le sacrifice et dans le deuil devait protéger ceux que vous aimiez ?

Cette tendre mère, si profondément associée aux sentiments et aux consolations de votre existence, n'avait-elle pas déjà pleuré un fils ?

Mais si les décrets de Dieu sont insondables, il nous est permis d'espérer en lui, pour trouver dans sa puissante bonté un soulagement à de telles douleurs ! hélas ! Les vains bruits de la terre comme les plus éloquents témoignages de l'amitié ne sauraient arriver à un cœur brisé !

Je n'ai pas osé adresser à Madame Festugiere mes

tristes sentiments de condoléance, je vous serai très reconnaissante d'être mon interprète auprès d'elle, et de lui dire combien je vous plains tous, chère Madame, en priant pour celui que vous avez tant aimé et dont le souvenir est entouré des plus sincères regrets.

Veuillez agréer, chère Madame, l'expression de mes sentiments de ma bien affectueuse et triste sympathie.

Amirale BRUAT.

Château de Ris (Seine-et-Oise).

Mon meilleur souvenir à vos chers enfants, combien ils aideront à votre tâche filiale en consolant vos douloureux regrets !

✝

Madame de Vuitry, à Madame Espinasse.

Saint Donain-Montereau, 23 août.

CHÈRE MADAME,

Monsieur Vuitry me rapporte de Paris un billet de faire part qui me consterne ! Je n'ose écrire à votre pauvre mère, mais vous lui direz que mieux que tout autre, hélas ! je comprends et je partage cette profonde douleur, que rien ne peut guérir ; une seule pensée adoucit ces mêmes regrets, c'est que chaque jour, en s'écoulant, nous rapproche de ces êtres tant aimés ! mais cette peine de survivre à son enfant, qu'il est difficile de l'accepter sans révolte ! La mort a frappé de tous côtés depuis quelques temps, et votre propre affliction ne nous ont rendus que plus sensibles à la perte si imprévue aussi de M. de Forcade. Si vous en avez le courage, chère Madame, je vous serai reconnaissante de me donner de vos nouvelles, de celles de vos désolés parents ! Votre frère avait une excellente santé ; quelle maladie vous l'a donc subitement enlevé ? Que nos joies d'ici bas sont donc fragiles ! A mesure que les années s'écoulent, on devient plus craintif, et l'on sent combien le secours de Dieu est nécessaire au milieu de nos incessantes épreuves. Je sais qu'il vous soutiendra tous, chère Madame, et j'ai tenu à vous dire que mes prières s'uniraient aux vôtres. Mon mari, mes enfants, me chargent de vous exprimer leur douloureuse sympathie, et je vous prie, chère Madame, de croire à mes sentiments affectueux.

J. Vuitry.

†

Monsieur le général de Lacretelle à Madame Espinasse.

Château-de-Molière, près d'Angers, 4 août 1874.

Madame,

Quelques lignes d'un journal nous apprennent l'affreux malheur qui vient de vous frapper, et je ne veux pas tarder un instant à vous dire que nous nous associons de tout cœur à votre profonde douleur.

Nous pleurons avec vous votre frère, à cause de la grande et sincère affection que nous avons pour vous, et aussi à cause de l'amitié que nous avions pour lui. C'était un excellent cœur, un esprit d'élite, aimé de tous ceux qui avaient pu l'apprécier. Et puis, la mort n'est-elle pas encore plus désolante, quand elle frappe un homme si jeune, si plein de vie et de santé, qui paraissait devoir compter sur tant de jours de bonheur ? Nous sommes nous-mêmes éprouvés de la même façon. Notre pauvre nièce, dont la santé nous inquiétait tant depuis plusieurs années, vient de mourir, et nous l'avons déposée vendredi dernier dans le caveau où reposent déjà sa mère et sa sœur. C'était une fille plutôt qu'une nièce pour Madame Lacretelle, et la douleur de ma pauvre femme me donne de réelles inquiétudes. Elle pleure tout le jour, et la nuit je l'entends sangloter encore.

Mais vous avez assez de vos chagrins sans que je vienne y mêler le récit des nôtres. Vous avez vos enfants pour vous consoler, c'est par eux que vous pourrez supporter le coup qui vous frappe.

Recevez encore une fois, pour ma femme et pour moi, l'assurance de notre profonde sympathie, et veuillez être notre interprète auprès de Madame Festugiere.

Général de LACRETELLE.

✝

Monsieur le général Chochard, à Madame Espinasse

Saint-Gratien, le 30 juillet 1874.

Chère Madame,

Nous sommes tous atterrés de la triste nouvelle que nous apporte la dépêche télégraphique que nous venons de recevoir. Je ne veux pas tarder un instant à vous exprimer toute la part que je prends au malheur de famille qui vient de vous frapper. Notre chagrin est d'autant plus grand que nous ne pouvions pas nous attendre à ce triste événement. Dans la dernière lettre que vous m'avez écrite il n'y a pas quinze jours, vous me disiez que votre frère se disposait à partir pour Luchon. Il est vrai que ces jours derniers vous écriviez à la princesse qu'il avait un peu de fièvre, mais cela ne nous avait nullement inquiétés. Il faut que cette fièvre ait pris de suite un caractère sérieux pour avoir amené si promptement un aussi fatal dénouement. Vous nous écrirez bientôt pour nous donner quelques détails.

Je vous prie de recevoir l'assurance de mes profonds regrets, que vous voudrez bien faire agréer à madame votre mère et à monsieur votre père.

Recevez, chère Madame, la nouvelle expression de mes sentiments les plus affectueux et dévoués.

Général Chochard.

☦

Monsieur le Général de Place, à Madame Espinasse.

Château de Ratelet, par Courtenay (Loiret).

Madame et Amie,

La lettre de deuil que je viens de recevoir ici, m'a frappé de stupeur et de chagrin. Comment, est-ce bien votre cher frère si plein de vie, dont je m'occupais pour lui faire retrouver son grade dans l'armée territoriale, et dont vous me donniez bonne nouvelle par votre dernière lettre !.. J'ai reçu hier soir la triste lettre de faire part — il n'est que trop vrai ! c'est ce vaillant jeune homme; si aimable, si gai, si plein d'esprit et d'éminentes qualités, qui nous quitte au début de sa vie. — Hélas ! combien votre pauvre mère et votre cher père, combien vous même vous avez besoin de courage et de résignation, et combien je vous plains !

Veuillez, chère Madame, et amie être mon interprète la plus chaleureuse et celle de Madame de Place auprès de ces chers parents, et agréez l'expression de ma vive sympathie pour votre malheur.

Je vous prie de recevoir, chère Madame, l'expression de ma bien respectueuse et profonde affection.

Serrez la main de votre cher Jules, et embrassez vos filles pour nous.

G. de Place.

✝

Le Colonel d'Ornan à Madame Espinasse.

Les Vallées, 6 août.

En arrivant ici, le premier journal qui me tombe sous la main me fait connaître l'affreux malheur qui vous frappe.

Je ne sais vous dire combien je suis bouleversé. Je n'ose écrire à votre pauvre mère. Si vous le croyez possible, dites-lui, ainsi qu'à votre excellent père, la part que nous prenons à votre douleur.

Et vous, bien chère amie, je ne vous demande pas de m'écrire, pensez toutefois que vous avez ici des cœurs bien dévoués qui partagent votre cruelle affliction.

D'Ornan.

✝

Monsieur U. Villiers, directeur de la Banque d'Alger, à Monsieur Festugiere.

Alger, 1ᵉʳ août 1874.

Ma vieille amitié pour vous, qui repose sur une base indestructible, ne peut être que bien douloureusement affectée de la perte de ce cher fils, qui était pour vous tous le but de votre vie. Je ne viens donc pas vous offrir de consolations, mais vous dire que nous pleurons ce beau et brave garçon qui était la joie et l'orgueil de vos cœurs. Que vous, votre chère femme et Marie trouvent ici un écho que je voudrais être un soulagement à vos douleurs ; mais je n'ai aucune parole qui puisse vous exprimer ce que ma femme et moi éprouvons d'angoisses impuissantes. J'aurais voulu être près de vous pour soutenir votre courage.

Adieu, cher Ami, je vous étreins dans mon cœur.

U. Villiers.

✝

Madame Villiers à Madame Festugiere.

Alger, 1er août 1874.

Vous qui êtes les uns et les autres les bien-aimés de mon amitié et de ma reconnaissance, vous pouvez imaginer combien je vous plains. Nous souffrons, M. Villiers et moi, d'être aussi éloignés de vous, et nous attendons avec anxiété de vos nouvelles. Pieuse comme vous l'êtes, vous aurez déjà jeté vos regards vers le ciel. Hélas ! ne vous lassez pas, là est notre destinée ! Nous prierons avec vous, et peut-être en serez-vous apaisés l'un et l'autre. Chère amie bienaimée, je vous embrasse de toute mon âme, et je tends les mains à ce cher M. Adrien !

J. Villiers.

✝

*Monsieur le comte Benedetti, ancien ambassadeur,
à Madame Espinasse.*

Plombières, 7 août.

Chère Madame,

J'avais vu dans les journaux l'affreuse perte que vous avez faite. Dans l'espérance que ce bruit pouvait être dénué de fondement, j'ai écrit à Saint-Gratien, et j'ai demandé si vraiment un pareil malheur avait pu frapper votre famille. Je reçois la réponse et je n'ai pas besoin de vous dire ce qu'elle m'apporte. Laissez-moi vous dire combien j'en suis affligé et la part que je prends à votre douleur, à celle de vos pauvres parents si cruellement atteints dans un fils si plein d'avenir, et qui était appelé à faire leur bonheur dans ce monde. Qui donc comprend mieux que moi leur affection et la vôtre. Je vous plains, croyez-le bien, de tout mon cœur, ne pouvant vous adresser aucune consolation, je n'en connais pas pour vous dans un si grand désastre. Tâchez, autant que vous le pourrez, de redoubler de courage; il vous en faut pour vous, pour vos parents, Dieu vous le doit et il vous l'accordera.

Veuillez offrir à vos parents, et agréer vous même, chère Madame, l'expression bien sincère de mes bien affectueux compliments de condoléance.

V. Benedetti.

✝

Madame de Royer, à Madame Espinasse.

Paris, 3 août 1874.

MA CHÈRE AMIE,

Nous ne pouvions croire que l'affreuse nouvelle donnée par les journaux avant-hier soir fût une réalité, nous voulions croire à quelque erreur; c'est chez vous, hier, qu'on nous a confirmé ce coup terrible qui vous frappe tous si douloureusement.

Quelles paroles pourrais-je vous dire devant cette épreuve inattendue, cruelle, saisissante. Tant de force, de jeunesse, de bonnes et aimables qualités, et si rapidement enlevé!

Je pense à votre excellente mère, et je demande à Dieu pour elle un secours, que rien en ce monde ne peut apporter à sa douleur! Je la devine, je la sens, et je pleure; et je prie avec elle, et avec vous. Soyez auprès de monsieur votre père, l'interprète de tous les sentiments de profonde sympathie qui nous unissent à vous.

Mon mari et mes fils sont aussi émus que moi, ils vous offrent les condoléances les plus vives, les plus sincères. Vous ne douterez pas, je le sais, de la sincérité de nos regrets, et je voudrais que la certitude que des cœurs amis partagent une si grande affliction vous fût douce, et pût apporter quelque allégement à votre peine.

J'embrasse vos aimables filles, qui seront pour vous, ma bien chère amie, et pour leurs grands parents, les deux anges de la consolation.

Je désire bien vivement de vos nouvelles, et lorsque

vos forces vous permettront de me parler, donnez-moi tous ces tristes détails dont la véritable amitié est avide. Adieu; pourquoi sommes-nous si loin ! j'irais vous dire, en vous embrassant, bien mieux que par écrit, tout ce que j'éprouve pour vous de particulière affection dans ce moment où Dieu vous impose un tel sacrifice.

Louise de ROYER.

Madame la Marquise du Tillet à Madame Espinasse.

Château de La Bastide-Murat (Lot).
2 août 1874.

CHÈRE MADAME,

L'épouvantable nouvelle que j'apprends est-elle bien vraie ? C'est si affreux que je ne veux pas y croire encore, et c'est en tremblant que je viens vous dire que mon frère lit à l'instant dans son journal que vous venez de perdre votre cher, si bon, et si aimable frère ! s'il est, hélas, bien réel que cet affreux malheur vous ait frappée, laissez-moi vous dire avec tout mon cœur, chère Madame, combien je vous plains, combien je plains votre pauvre mère, Monsieur votre père, vous tous enfin ! Je sais combien vous étiez unis tous, je sais combien il était sympathique à tous ceux qui le connaissaient, et il y a si peu de temps encore que je l'avais rencontré, que je ne peux pas croire à un pareil coup de foudre. Si vous en avez le courage, chère Madame, combien vous serez bonne de m'écrire ou de me faire écrire quelques lignes par une de vos chères filles, auxquelles mes enfants et moi pensons si souvent. Mon père et ma belle-sœur (auprès desquels je suis depuis quelques jours, ayant été appelée par la naissance d'une petite nièce), me recommandent de vous parler de leur profonde et douloureuse sympathie. M. du Tillet n'est pas encore ici, mais je sais qu'il partagera tous les sentiments que je vous exprime, et que, comme moi, il sentira bien vivement le malheur qui vous accable !

Soyez assez bonne pour bien parler de moi et de mes enfants à tous les chers vôtres, et surtout à Madame votre mère, si cruellement éprouvée ! et laissez-moi vous redire encore, chère Madame, tous mes sentiments de bien tendre sympathie, et de très véritable affection.

Marquise DU TILLET.

†

Madame de Sancy de Parabère, ancienne dame de Palais, à Madame Festugiere

Boran (Oise), 3 septembre.

MADAME,

Je ne viens pas essayer de vous dire quelques paroles de consolation, dans la cruelle douleur qui vous accable, car les mères ne peuvent ni ne veulent être consolées. Je veux seulement vous exprimer toute ma sympathie, qui vous est doublement acquise, puisque je connaissais et j'appréciais, comme il le méritait, le cher fils que vous pleurez. Hélas ! Madame, votre malheur est immense, mais Dieu vous donnera le courage de l'accepter, et les êtres qui vous restent à aimer vous y aideront.

Au revoir, madame, veuillez offrir à madame Espinasse mes plus affectueux souvenirs, et agréez la nouvelle assurance de mes sentiments les plus vrais et les plus distingués.

L. de Sancy de PARABÈRE.

†

Madame de Saulcy, ancienne dame de Palais, à Madame Espinasse.

Mersault (Côte-d'Or), 12 août 1874.

CHÈRE AMIE,

Je pense que vous ne doutez pas de la grande part que nous prenons tous au cruel malheur qui vient de vous frapper ; mais au risque de vous paraître importune je tiens à vous exprimer tous nos sentiments. J'étais à la campagne, loin du monde, et même loin des journaux, quand ce malheur est arrivé ; je l'ai su tard, et c'est pour cela que mes tristes, mais sincères, vives et affectueuses condoléances sont arrivées tard aussi. Le bon et charmant garçon, aimé de tous, devait l'être bien tendrement de tous ses parents. Votre pauvre Jules perd en lui un ami et un soutien bien dévoué. Je pense bien à lui, Jacqueline aussi ; dites-le lui, chère amie, parlez aussi de nous à votre pauvre chère mère si éprouvée ; une douleur comme la sienne ne trouve point de consolation en ce monde, mais Dieu lui a laissé des affections bien douces qu'elle appréciera de plus en plus avec le temps.

Chère amie, M. de Saulcy, ma sœur et Jacqueline se joignent à moi pour vous envoyer leurs souvenirs bien affectueux et leurs condoléances les plus sincères. Laissez-moi, chère amie, vous renouveler la bien tendre expression de mon affection et de ma sympathie pour vous dans cette cruelle occasion.

M. de Saulcy.

✝

Madame la comtesse Fleury, à Madame Espinasse.

Salvanet, 2 août 1874.

Chère Madame,

J'apprends dans un journal le malheur affreux qui vous frappe, et je ne sais vraiment dans cette grande douleur qui vous arrive, comment vous dire ma profonde sympathie et celle de mon mari.

Je vous trouve tous si malheureux, votre pauvre mère si à plaindre, que je ne puis que vous exprimer combien je prends part à cette terrible disparution.

Comment votre pauvre frère, si fort, si bien portant, a-t-il été enlevé aux siens? Votre mère si courageuse toujours, supporte-t elle avec résignation le plus grand chagrin que Dieu puisse nous infliger? Elle a toujours été la femme forte suivant l'Evangile, mais il y a des coups qui brisent les âmes les mieux trempées, et je suis certaine que vous êtes obligée d'oublier votre douleur pour consoler la sienne.

Votre fils perd un frère aîné et un ami, qui avait assez d'expérience pour le diriger, et était assez jeune pour que ses conseils n'eussent rien de trop sévère. Votre père aussi au déclin de sa vie, se voit privé du soutien et du but qui encourageaient ses travaux, et de la tendresse d'un fils aimable et intelligent, qui se faisait des amis partout où il passait.

Il laissera derrière lui de longs et anciens regrets, et votre douleur sera comprise par tous, par les exilés qu'il a si fidèlement suivis dans les jours amers, et par ceux qui l'ont vu suivre sa voie avec gaieté, esprit, cœur et intelligence. Il n'a jamais blessé personne, et Dieu aura reçu une âme parmi celles des bons et des justes.

Ceci avec le temps sera pour vous un adoucissement à votre tristesse, mais aujourd'hui le désespoir est si grand, qu'on ne peut que prier pour vous, pour vos parents. C'est ce que je fais, chère amie, du fond du cœur, en vous envoyant l'expression de mon bien affectueux dévoûment.

B. Comtesse FLEURY.

☦

Madame la duchesse d'Isly, à Madame Festugiere.

Salvanet, 2 août 1874.

MA CHÈRE COUSINE,

Je ne puis croire le journal qui m'apprend l'affreux malheur qui vient de vous atteindre. Quoi! ce pauvre Daniel vous a été enlevé! lui, si charmant, si bon et si dévoué à tous !

J'ose mêler mes larmes aux vôtres, et vous assurer de la vive douleur que j'éprouve.

En quelques moments vous avez vu s'anéantir en pleine jeunesse, votre affection et votre espérance.

Quelle consolation peut-on tenter de vous apporter, ma bonne cousine, hors de la résignation chrétienne et la volonté de Dieu !

Le coup est rude et au-delà des forces humaines.

Mais votre chère fille et vos charmants petits enfants vous entourent, ils vous prodiguent leur affection, et vous vous sentez encore utile à eux, et à votre pauvre mari, que ce malheur a peut-être beaucoup éprouvé.

Croyez, ma chère cousine, à ma vive sympathie et à mon affection bien dévouée.

V. Duchesse d'ISLY.

†

Madame la comtesse Davillier à Madame Espinasse.

Serville, par Goderville (Seine-Inférieure).
Samedi 12.

Chère Amie,

J'étais au Mont-d'Or et bien loin de toutes nouvelles, car je n'ai su qu'à mon retour l'immense malheur qui vous frappe. Vous ne pouvez douter de ma bien vive sympathie et de tous mes regrets pour ce pauvre garçon, dont la nature, franche et loyale, avait su lui attirer l'amitié de tous. Je suis l'interprète des miens : ma mère, mon mari et ma Madeleine, qui veut aussi que je vous dise combien elle regrette son ami Daniel. Je suis sans aucun détail ; j'ai appris cette triste nouvelle par une froide lettre de faire part trouvée à mon passage à Paris, il y a quelques jours. Si votre douleur vous le permet, écrivez-moi, chère amie, vous savez que mon cœur n'est pas sans avoir souffert, et qu'il est digne de comprendre le vôtre.

Rappelez-moi, je vous prie, au bon souvenir de votre trop malheureuse mère, et croyez, chère amie, à mon attachement bien sincère.

Angèle Davillier.

☩

*Madame la baronne de Bourgoing, à Madame
Espinasse.*

Beuvron, par La Charité (Nièvre), 4 août.

Permettez-moi, chère Madame, de vous envoyer l'expression de ma profonde et douloureuse sympathie. Connaissant la tendre affection qui vous unissait à votre cher frère, je comprends toute l'amertume de cette séparation si imprévue, si soudaine. Que Dieu vous fortifie et vous vienne en aide, chère Madame.

Bien peu de jours avant mon départ de Paris, j'avais serré la main de Monsieur Festugiere, nous avions parlé de nos communes espérances ; nous nous étions dit au revoir !... il semblait radieux d'aller vous retrouver ! Chère Madame, tous ceux qui ont connu votre excellent frère, qui ont apprécié ses solides et aimables qualités, le pleurent avec vous, mais leur chagrin même témoigne de leur impuissance à vous consoler d'un si grand malheur.

Je ne puis donc que vous dire, chère Madame, que je vous plains de toute mon âme et que je déplore l'éloignement qui nous sépare et qui m'empêche d'aller vous porter l'expression de la plus affectueuse sympathie.

Veuillez agréer, Madame, avec mes hommages, l'assurance de ma plus vive sympathie et de mon profond chagrin.

Baronne de Bourgoing.

✝

Madame Heeckren Vandal, à Madame Espinasse.

Le Schimmel, près Massevaux (Haute-Alsace), 2 août.

Chère Madame,

Je ne puis vous exprimer avec quelle douloureuse surprise je viens de lire dans l'*Ordre* la nouvelle du malheur qui vous frappe. Ce n'est pas possible de voir disparaître aussi brusquement un garçon aussi fort, aussi vivant que le pauvre Daniel ! Il n'y a pas trois semaines que je passais la soirée avec lui ; il était gai, heureux et parlait de son départ pour Bordeaux. Et il était si près de sa fin !

Mais quelle fatalité pèse donc sur nous tous ? Nous sommes tous frappés les uns après les autres; et qu'elles épreuves effroyables Dieu nous envoie ! Ah ! je pense à sa malheureuse mère, à cette pauvre femme qui ne vivait que pour lui; à son père, dont il était l'espoir; et je m'imagine le désespoir dans lequel vous êtes plongés, vous qui viviez si unis, si en famille.

Je connaissais ce pauvre garçon depuis tant d'années ! je me le rappelle enfant, je l'ai toujours suivi avec intérêt ; aussi, chère amie, je crois que je n'ai pas besoin de vous dire que je suis avec vous de tout mon cœur, et que le souvenir de votre malheureux frère ne sortira ni de ma mémoire, ni de mes prières.

Je vous embrasse du fond de mon cœur.

Heeckren Vandal.

Mon père et mon frère veulent que je vous dise à

vous et à vos parents leurs vifs regrets et leur profonde sympathie.

Quand vous le pourrez, donnez-moi quelques nouvelles de vous tous ; je suis inquiète de savoir comment Madame Festugiere supportera ce terrible coup.

Donnez-moi aussi quelques détails ; dites-moi si le pauvre garçon a beaucoup souffert, s'il a eu conscience de son état ; tout m'intéresse vivement.

☦

Madame Cornuau, à Madame Espinasse.

La Benarie, près Ancenis (Loire-Inférieure), 1er août.

Nous sommes, bien chère Madame, M. Cornuau et moi, bien profondément atteints par le coup qui vous frappe d'une façon si horrible.

Nous apprenons, ce matin, par le journal, la mort de M. Festugiere ; tous ceux qui le connaissaient le pleurent avec vous. Vous aviez pourtant déjà, bien largement payé votre dette au malheur, et vos amis pouvaient espérer que vous seriez épargnés. Mais puisque Dieu vous frappe, il vous donnera la force de supporter cette horrible épreuve. Notre pensée est au milieu de vous, et nos prières se mêlent aux vôtres.

Dites-le bien à Monsieur et Madame Festugiere, et croyez pour vous, bien chère Madame, à la nouvelle assurance de mes sentiments bien profondément attachés.

Berthe CORNUAU.

M. Cornuau met à vos pieds, ses respectueux et bien tristes hommages.

☦

Madame de Bar à Madame Festugiere.

6 août 1874.

BIEN CHÈRE AMIE,

Je suis anéantie de ce que je viens de lire. Rien de plus cruel et de plus imprévu que la perte de ce fils, jeune, bien doué, si plein de santé et d'avenir. Que dire, qui aille à votre cœur si brisé par la douleur? Cependant, celui de vos amies a besoin de vous exprimer les sentiments que leur inspire votre malheur. Ils espèrent que la mère chrétienne qui avait appelé tant de bénédictions sur sa famille, trouvera dans sa foi la force de le supporter. Mais laissons-la pleurer et pleurons avec elle, ce jeune homme qui faisait son orgueil et sa joie en demandant à Dieu de la soutenir dans cette épreuve. Dans ma stupeur, je ne puis que vous redire ma sympathie pour votre affliction, et que ma pensée au milieu de vous ne vous quitte pas d'un instant.

Je vous serre, bien chère amie, très tristement et

très affectueusement dans mes bras et avec des larmes dans mes yeux.

De Bar.

M. et Mme de Waubert s'unissent à moi pour vous faire agréer leurs condoléances et toute la part qu'ils prennent à la perte que vous venez de faire.

☦

Madame de Fruberville à Madame Festugiere.

Villelouet, 4 septembre 1874.

Bien chère Amie,

Votre douleur a retenti jusqu'au fond de mon cœur et mes pensées allaient à vous, sans pouvoir les exprimer; aujourd'hui encore je ne sais que vous dire! Dans ces grands coups qui brisent les sentiments les plus doux, ceux de la maternité, les mots perdent leur valeur et s'évanouissent devant la ruine de nos espérances, de notre bonheur. Dieu seul peut parler à ceux qui pleurent et qui souffrent. Hélas! pauvre mère! moi aussi j'ai connu ces affreux déchirements du cœur!... Je n'ai trouvé la paix de l'âme qu'au pied de la croix. C'est là que j'ai prié pour votre cher fils et pour vous-même, ma chère Julia, c'est la seule consolation qu'on puisse vous offrir. Une messe dite dans ma chapelle, à votre intention, vaut mieux que tout ce que je pourrais vous dire. Aussi je m'arrête, chère amie, en vous assurant de mon affectueux souvenir dans tout ce qui vous intéresse. A vous, aujourd'hui comme autrefois.

Votre vieille amie,
E. DE FRUBERVILLE.

Monsieur Festugiere a sa part dans mes souvenirs. Je n'oublie pas votre chère fille et ses enfants. J'aimerais à entendre parler d'eux pour me rapprocher de vous. Excusez le retard de cette lettre, j'ai beaucoup de peine à écrire, les yeux et les doigts vieillissent avant le cœur.

☦

Madame Rainbeaux à Madame Espinasse.

Plombières, 8 août 1874.

CHÈRE AMIE,

Avec quelle douloureuse surprise j'ai appris ici le cruel événement qui vous frappe. Hélas ! qui aurait cru que votre pauvre frère, la force et la santé même, vous serait enlevé si jeune ! si rapidement ! Nous avons été tout consternés à cette déplorable nouvelle.

Combien votre mère doit avoir besoin de consolations et de résignation à la volonté suprême qui l'atteint dans ses plus tendres affections. Veuillez être mon interprète auprès d'elle, lui répéter ce qu'elle sait déjà : que son chagrin est partagé bien sincèrement et que votre frère, si sympathique et si bon, est vivement regretté de nous tous.

Dans cette triste circonstance, agréez, chère amie, l'expression de ma vieille amitié et les affectueuses condoléances de mon mari.

Hortense Rainbeaux.

✝

Monsieur l'abbé Fonteneau, vicaire général (1), *à Madame Festugiere.*

Bordeaux, le 2 août, 1874.

Madame,

Son Eminence vous a déjà exprimé en son nom et au mien toute la part que nous prenons à votre immense douleur. Nous avons offert pour le repos de cette chère âme le saint sacrifice de la messe. Je continuerai à prier et à faire prier afin que celui qui fût si bon sur la terre, si dévoué et si charitable, reçoive au Ciel la récompense que la miséricorde divine accorde à ceux qui la secondent ici bas dans ses desseins. Je suis désolé de ne pouvoir aujourd'hui assister aux funérailles, mais j'ai l'intention d'aller au Teich la semaine prochaine et d'y dire la messe à votre intention. Soyez assez bonne pour exprimer à monsieur Festugiere

(1) Actuellement évêque d'Agen.

mes sentiments de douloureuse sympathie, ainsi qu'à Madame Espinasse et à sa famille.

Quelle nouvelle foudroyante pour nous tous! Je ne peux croire à cette désolante réalité, et cependant il n'est plus celui à qui j'avais voué un attachement vrai, sincère, dévoué. Répétons cette parole de N. S. dans son sacrifice: que votre volonté soit faite, ô mon Dieu! Ce cri de la résignation chrétienne adoucira les déchirements si légitimes du cœur, en même temps qu'il sera une prière pour notre ami si regretté.

Croyez, chère Madame, à ces sentiments, et recevez en l'expression sincère.

FONTENEAU.

†

Monsieur Mathieu, ancien député, avocat à la Cour de Cassation, à Madame Festugiere.

Paris, 31 juillet.

Que vous dire, chère Madame, qui réponde à votre douleur à tous et vous dise exactement l'expression de stupeur que m'a causée ce matin la fatale nouvelle. Il n'y a qu'un langage que vous puissiez comprendre: celui des larmes de vos amis mêlées aux vôtres. Elles couleront chez nous de tous les yeux, car nous aimions tous ce cher garçon, si loyal, si naturel et si bon. Nous aimions à le recevoir et à le traiter comme un des nôtres, et à vous rendre ainsi, en sa personne, un peu de l'affection si cordiale que vous nous avez témoignée. J'ai vu ce matin M. Rouher et les chefs de notre opinion qui, comme moi, venaient d'apprendre votre cruel malheur. Tous en étaient, comme moi, attérés, et vous pouvez être certaine que, là aussi, on vous plaint comme vous devez l'être. Pour vous, avec votre croyance et votre foi, il est au moins une consolation : la mort n'est qu'une séparation momentanée, et ceux qui nous quittent ainsi avant l'heure, nous disent au revoir ! Il n'importe, et malgré la foi, ce déchirement est affreux, surtout quand tout en écartait l'idée ; quand la victime est ainsi moissonnée en pleine fleur, en pleine force, et qu'entre la vie et la mort il n'y a pas de transition.

Veuillez, chère Madame, faire partager à monsieur Festugiere et à Madame Espinasse, tous ces sentiments, et croire à ma douloureuse sympathie, ainsi qu'à ma respectueuse affection.

A. MATHIEU.

✝

Monsieur Léon Chevreau, ancien Préfet, à Madame Espinasse.

Luchon.

J'apprends l'affreux malheur qui vous frappe et j'en suis bien profondément affligé ! Pauvre garçon ! Mourir si jeune, lorsqu'une belle vie semblait l'attendre ! Je lui étais sincèrement attaché, je le voyais souvent, et, chaque fois, je sentais les liens d'affection plus forts et plus vivaces entre nous ! Sa mort m'a tout bouleversé ! C'est à ne plus croire à rien ! Que je vous plains ! que je plains sa pauvre mère ! — Mme Chevreau n'est pas avec moi, mais je suis sûr qu'elle partage tous les sentiments douloureux qui m'agitent le cœur.

Je vous serre bien tristement la main.

Léon CHEVREAU.

✝

Monsieur le Comte de Bouville ancien préfet, à Madame Espinasse.

Paris, 1er août 1873.

MADAME,

Au milieu de votre douleur, je crains d'être indiscret, et cependant je tiens à vous exprimer la part que je prends à votre deuil. La triste nouvelle m'est arrivée hier : je me refusais à y croire. Hier soir, chez M. Rouher, il m'a fallu me rendre à la cruelle évidence.

Agréez, et offrez à Madame votre mère, l'hommage de ma sympathie bien vive et profonde. Veuillez croire que les miens et moi nous nous associons de cœur à tout ce que vous éprouvez de chagrin.

Je vous prie d'être mon interprète auprès de Madame

votre mère, et de recevoir, avec elle, l'hommage du profond respect de votre très obéissant serviteur

Comte DE BOUVILLE.

☦

Monsieur Demaze, conseiller à la Cour de Paris, à Madame Festugiere.

Paris, le 4 août 1874.

CHÈRE MADAME ET AMIE,

J'apprends à l'instant le profond malheur dont vous êtes frappée et je m'associe, comme toujours, au deuil qui fait saigner votre cœur de mère. Les seules consolations possibles, vous les trouverez dans l'affectueuse présence de vos autres enfants. Je plains bien Monsieur Festugiere, qui perd comme vous, un fils affectueux et dévoué. Pour vous deux si éprouvés, pour Madame Espinasse et ses chères filles, je ne puis que présenter la profonde assurance de mes sympathies et de celles de ma fille, en ce moment absente.

CHARLES DEMAZE.

☦

Monsieur le colonel d'artillerie Maldant, directeur de la manufacture de Châtellerault, à Madame Espinasse.

Châtellerault, le 3 août 1874.

Que Dieu vous donne la force de supporter ce malheur affreux, bien chère Madame; lui seul peut, par l'assurance d'une vie future où vous retrouverez les êtres si chers que vous avez perdus, vous rendre le calme nécessaire pendant les années qui vous restent à vivre, et dont ceux qui vous entourent ont tant besoin.

C'est en pleurant que je vous conseille d'être forte, car je n'ai pu rester maître de moi en apprenant la nouvelle aussi affreuse qu'inattendue. Pauvre Daniel ! C'est à Châtellerault que je l'ai embrassé pour la dernière fois !

Ma femme partage votre douleur, pauvre mère, elle la comprend et elle vous aime, elle en souffre avec vous.

Pour moi, je ne cherche aucune parole de consolation, vous êtes chrétienne, priez Dieu qu'il vous conserve à ceux qui vous restent, je joins ma prière à la vôtre de tout mon cœur.

Votre vieil ami bien malheureux,

Paul MALDANT.

✝

Madame de Reiset à Madame Espinasse.

Paris, 7 août 1874.

Ma pauvre amie,

Je suis allée hier à Saint-Gratien, c'est vous dire que j'ai appris l'affreuse nouvelle.

Quel malheur et quel coup terrible pour vos pauvres parents !

Combien je prends part à leur douleur. Dieu m'a infligé dans le temps la même épreuve, et quoique ce soit déjà bien ancien, la plaie est toujours saignante ; aussi, plus qu'une autre, je comprends tout ce qu'ils doivent souffrir, de même que vous, ma pauvre bonne amie, qui aimiez ce frère comme un second fils.

Nous n'avons aucun détail, sans doute que cette fièvre dont vous me parliez dernièrement et qui commençait à vous tourmenter était plus grave que vous ne pensiez, car la catastrophe est arrivée bien vite.

C'est à n'y pas croire ! quel malheur ! le pauvre garçon était si jeune, si bon, si aimable ; il aimait tant la vie et on l'aimait tant !

La plus profonde consternation régnait hier à Saint-Gratien ; tout le monde s'associait à votre désespoir.

Mon mari se joint à moi, chère amie, pour vous offrir, ainsi qu'à vos bons parents, l'expression de nos sympathies les plus vives et les plus sincères.

Hortense Reiset.

☦

*Monsieur le chanoine Belleville, curé de Notre-Dame,
à Madame Festugiere.*

Chère Madame Festugiere et bien
malheureuse Mère,

Hier, il était malheureusement trop tard quand j'ai reçu votre lettre, je ne pouvais plus partir à cinq heures. Ce matin je devais chanter la messe à l'enterrement Fournier-Samazeuilh, et ne pouvais pas me faire remplacer. Je partais donc à deux heures quarante-cinq, quand M. Mahy, le chef de gare, m'a arrêté en m'apprenant la fatale nouvelle ! pauvre et cher Daniel ! Et vous, pauvres amis, quelle perte ! quel coup cruel ! quelle mer de douleur ! En priant de toute mon âme pour ce cher défunt, je demande à Dieu de vous donner la force de vous résigner à sa sainte volonté. Lui seul le peut avec sa grâce, car aucune considération humaine ne peut adoucir une pareille douleur ! Je voudrais que ces lignes vous arrivassent ce soir, et c'est pour cela que je les trace bien à la hâte et avec un cœur bien attristé qui comprend et qui partage votre immense désolation ! Tout à ce cher Daniel devant Dieu, au Saint-Autel et à ceux qui le pleurent si amèrement.

S. Belleville, curé de N. D.

Ce 30 juillet, 1874.

†

Monsieur le président Du Perier, à Madame Festugiere.

Bordeaux, le 31 juillet 1874.

MA PAUVRE ET BIEN DÉSOLÉE AMIE,

Je n'ai ni la pensée ni l'espoir de vous adresser des consolations.....
Le malheur qui vous accable n'en comporte pas, et je ne connais pas de mots qui puissent les exprimer.
Je ne cherche qu'une chose, ma pauvre amie, c'est de rapprocher mon cœur du vôtre, pour en recevoir les larmes, pour y joindre les miennes....., pour vous dire que vous avez raison de pleurer le fils respectueux et tendre que vous avez perdu..., et pour vous dire que je vous aime d'autant plus que vous êtes plus malheureuse.
Si l'état de ma santé, qui, ces jours-ci surtout laisse à désirer, l'eût permis, j'eusse accouru près de vous ; à ma place, je vous envoie mon cœur.
Pauvre père !... pourra-t-il supporter un coup aussi affreux ?... Pauvre mère !... Pourrez-vous avoir de force et du courage pour tous deux !...

E. DU PERIER.

☦

Monsieur le marquis de Multedo à Madame Espinasse.

Mont-de-Marsan, 14 août 1874.

Madame,

C'est avec la plus vive affliction que j'ai appris le malheur si grand et si inattendu qui vient de frapper votre famille.

Il ne m'avait été donné de connaître et de voir que pendant quelques instants votre noble et regretté frère; mais ils avaient suffi pour m'attacher à lui et pour me faire apprécier les dons charmants, les aimables et solides qualités dont il était si richement doué. Je savais, d'ailleurs, par mon fils, tout ce qu'il y avait de distinction dans son esprit, de bonté dans son cœur, de droiture et de généreuse élévation dans son caractère. Aussi ne saurais-je vous dire, madame, combien retentit douloureusement dans mon cœur le coup qui a si prématurément foudroyé tant de jeunesse, de force, de beauté, d'espérances, et avec quelle profonde sympathie mon entourage s'associe avec moi à votre deuil et à celui de vos vénérés et trop cruellement éprouvés parents.

Mon fils, qui aimait tant votre excellent frère, est, depuis quelque temps en voyage loin de nous. Il ignore peut-être encore le malheur qui vous accable et la perte si grande qu'il a faite aussi avec vous. Je me rends d'avance son interprète en mettant à vos pieds ses condoléances les plus senties, et en vous priant de vouloir bien les agréer et les faire également agréer, avec les miennes et avec celles de toute ma famille, à madame votre mère, à monsieur votre père et à vos enfants.

Daignez en même temps accueillir, madame, l'hommage de mes sentiments les plus respectueux.

Marquis de Multedo.

†

Monsieur Théophile Gautier à Madame Festugiere.

Paris, 31 juillet.

Chère Madame,

Nous avons appris ce matin par une lettre de Doinet, la fatale nouvelle. Nous avons été éprouvés bien durement jusqu'à ce jour, mais la perte d'un camarade avec qui nous comptions traverser courageusement les routes escarpées que nous promet l'avenir, nous a été des plus sensibles. Ma femme et moi avons été attérés, et nous avons pensé au vide que ce malheur va faire dans votre existence. Croyez bien que nous sommes tout de cœur avec vous, et que, demain, ma femme joindra ses prières aux vôtres.

Théophile Gautier.

†

Monsieur Lecouppey à Madame Espinasse.

Quel malheur aussi affreux qu'inattendu, chère Madame! J'ai lu et relu ce malheureux billet, doutant de mes yeux, doutant de ma raison, tant une si cruelle perte était en dehors de toutes les prévisions! La jeunesse, la force, la santé, tout était réuni chez ce bon et charmant jeune homme pour faire présager une longue vie, une heureuse existence, et tout cet avenir de bonheur est renversé par le deuil d'une famille entière!

Je n'ose écrire à madame votre mère. Que lui dirais-je? Comment oser prononcer le mot *consolation* ? Il n'en est pas pour une mère. Veuillez, chère Madame, lui exprimer mes profondes sympathies pour une aussi profonde douleur. Parlez de moi à vos charmants enfants dont la tendresse pour vous sera, n'en doutez pas, un adoucissement à toutes vos peines, et recevez, je vous prie, chère Madame, l'expression très respectueuse de mes sentiments les plus dévoués.

L. LECOUPPEY.

†

Madame la baronne de Galbois, lectrice de Son Altesse la Princesse Mathilde à Madame Espinasse.

Saint-Gratien, 30 juillet 1874.

La dépêche que vous nous avez adressée, ma pauvre amie, nous cause un tel chagrin, que je ne saurais pas vous le dire ! Quel affreux malheur et que je vous plains tous d'être ainsi éprouvés, dans la perte d'un garçon qui était bien *la bonté même*, et que vous aimiez tous si tendrement! Et nous aussi, nous l'aimions bien ici, et nous le pleurons du fond du cœur. Moi, je n'en pouvais croire mes yeux ! et la princesse en est atterée. Mais de quelle maladie est donc mort ce malheureux garçon, pour qu'il vous ait été enlevé si rapidement! Pour vous tous qui étiez si unis, quel vide affreux ! J'ai passé moi aussi par tant d'épreuves, que je compatis à votre douleur! chacun, du fond du cœur, comprend bien, je vous l'assure, tout ce que vous avez à souffrir, et tous nous regrettons bien aussi d'être si loin de vous, et incapables, par conséquent, de vous être du moindre secours au milieu de votre immense peine !

Pensez du moins, ma pauvre amie, que nous allons bien prier Dieu de donner à vos pauvres parents la force de supporter un coup pareil, et à chacun de vous aussi la résignation et le courage.

Je vous embrasse aussi tendrement que je vous aime, ma pauvre et bonne et bien chère amie, et je vous répète encore que je vous plains de tout mon cœur.

Votre bien dévouée amie,

Marie de GALBOIS.

†

Monsieur Giraud à Madame Espinasse.

Saint-Gratien.

Chère madame Espinasse,

J'apprends à Saint-Gratien la mort de votre pauvre frère ; je ne sais comment vous témoigner tout le chagrin que ce malheur me cause, et cependant qui mieux que moi peut comprendre tout ce que vous devez éprouver !

Il n'y a pas de consolation à de pareilles peines. On me dit que vous devez revenir à Paris bientôt; vous trouverez bien des amis qui partagent votre peine ; quant à moi, soyez assurée que je suis un de ceux que cette mort a le plus touchés.

Veuillez recevoir tous mes embrassements et l'assurance de ma profonde amitié.

E. Giraud.

Mon frère et ma femme s'associent à moi pour vous plaindre.

✝

Monsieur Popelin à Madame Espinasse.

Madame et chère Amie,

L'horrible nouvelle nous a tous frappés de stupeur. Hélas! sur quoi peut-on compter ici bas? Il n'y a pas de consolations à vous donner, mais j'ai besoin de me trouver au nombre de ceux qui s'associent profondément à votre douleur.

Croyez à mes sentiments les plus tendres et à mon entier dévouement.

Claudius POPELIN.

✝

Madame de Farincourt à Madame Espinasse.

MADAME,

J'ai enfin votre adresse et je puis vous dire combien M. de Farincourt et moi avons été profondément affectés en apprenant la mort de votre pauvre frère ; nous avions su l'apprécier, et comme tous ceux qui le connaissaient, nous l'aimions. Nous le pleurons donc avec vous.

Je vous prie, chère Madame, de recevoir avec les hommages de mon mari, l'expression de mes sentiments les plus distingués et très sympathiques.

Baronne de FARINCOURT.

Château de La Grange, par Yerres (Seine-et-Oise), le 30 août.

✝

Madame la baronne d'Erlanger à Madame Espinasse.

Gouvion, 4 août 1874.

CHÈRE MADAME,

J'ai dû relire plusieurs fois la lettre que vous m'aviez fait écrire avant de pouvoir comprendre que nous ne reverrions plus ce bon cher Daniel, que nous aimions tant et qui a toujours été un si fidèle ami pour nous.

J'étais attéré, je ne pouvais croire à cette affreuse nouvelle, puis j'ai pensé à vous, à votre pauvre mère, à vos petites filles, toutes si dévouées à celui que vous avez perdu. — Je sais que Daniel était pour vous à la fois un fils et un frère, et que vous lui portiez une affection toute maternelle. — J'aime tant tous les miens, que je ne cesse de penser à votre douleur et à ce déchirement de cœur que vous avez dû éprouver. — J'ai tant souffert moi-même, que j'apprécie l'agonie par laquelle vous avez dû passer à côté du lit de votre cher malade !

Je n'ai point osé dire toute la vérité à Rosine, qui depuis quelques semaines est condamnée au repos complet.

Je pleure en vous écrivant, et je ne sais plus ce que je dis, mais souvenez vous que Daniel se rattache à toutes mes années de bonheur, et ensuite à une période de tristesse et de larmes, où il nous a montré tant de sympathie et d'affection.

Si ce n'est pas trop exiger de vous, chère Madame, dites-moi un peu plus que cette cruelle lettre nous disant que notre ami n'existait plus.

Embrassez votre bonne mère pour moi, je la sais si pieuse, qu'elle doit être résignée et calme dans son chagrin ; dites-lui que nous l'aimons bien, et que nous prions pour elle et pour lui.

MATHILDE.

†

Madame de Courval, à Madame Espinasse.

Paris, 16 août

MA PAUVRE AMIE,

Jamais je ne trouverai de termes ni d'expressions pour vous dire ma terreur et mon chagrin en recevant le cruel billet que vous m'avez envoyé ; je lisais, je lisais, je ne pouvais en croire mes yeux, et je vous certifie que je ne puis pas encore prendre mon parti de l'horrible douleur qui vous a ainsi frappée en plein cœur. Moi qui sais combien vous vous aimiez et combien vous étiez tous unis, je souffre avec vous ; j'ai eu tant de chagrins moi-même, que votre déchirement, celui de vos pauvres parents pèsent sur mon cœur. Je ne puis oublier combien le souvenir de ce pauvre garçon, si bon, si gai, si bien portant, est lié à mes souvenirs d'enfance. Mon Dieu que la vie est *cruelle* et atroce, et qu'il faut de courage pour la suivre ! En un jour, en un seul moment, une catastrophe brise à jamais les existences et le cœur des gens ; je ne sais trop ce que je vous écris : je suis bouleversée ; je ferai prier par les orphelines de la sœur Amélie pour vous tous. Pensez bien qu'on se retrouve, que la séparation éternelle ne peut exister. Je l'ai tant senti depuis que j'ai perdu mon pauvre père, hélas ! c'était dans l'ordre ; mais vous que Dieu peut aider, pardonnez à mon incohérence, ma pauvre amie, cela vous prouvera mieux que tout, que ma sympathie est profonde et de tout cœur.

Hélène.

✝

Madame sœur Marie-Christine, présidente de l'Association des mères chrétiennes, à Madame Festugiere.

Paris, Notre-Dame-de-Sion, 11 août 1874.

Bien chère Madame,

Je viens de lire la lettre de faire part, et je la relis, doutant encore de la terrible vérité !....

Ah ! comme tout mon cœur, maternellement chrétien, s'unit au vôtre !.... Quel glaive de douleur transperce votre âme !.... Qu'est-il donc arrivé ?.... Moi, qui priais encore ces jours-ci pour son mariage, que vous désiriez tant !....

Chère Madame, écrivez-moi ; j'ai besoin de m'unir encore plus à vos pensées.

J'ai là, devant moi, votre petit chapelet de Notre-

Dame de Lourdes.... O profondeur des desseins de Dieu !... Votre lettre porte pour épigraphe : « Heureux ceux qui meurent dans le Seigneur. »

Oui, heureux en effet, car ils ne meurent pas, et ainsi que je l'ai fait inscrire sur le marbre, à l'autel des âmes, en janvier 1871 : « *Mon fils, tu vis en Dieu,* » ainsi, je l'espère, votre Jean-Marie vit dans le sein de Dieu, il repose sa tête sur le cœur de Jésus, il contemple la beauté de sa divine mère, et il prie pour vous, mère vraiment chrétienne.... Oui, j'en ai l'intime conviction ; vous êtes debout aux pieds de la croix, vous encouragez le compagnon de votre vie, et votre fille, et tous ceux qui vous entourent.

Notre mère supérieure et mère Marie-Paul, vous assurent de leur sympathie; nos sœurs prieront aussi, ainsi que les mères, à la réunion du 28.

Je puis vous assurer de la vive part que prendra notre père supérieur à votre affliction. Vous lui avez souvent parlé de ce cher enfant, il s'y intéressait tant! La puissante prière de notre saint Directeur vous est acquise, ainsi qu'à l'âme qui vous a quittée.

J'ai mon petit-fils mourant ; celui qui est veuf, qui a vingt-huit ans, et qui laissera deux petites orphelines.

La vie est remplie de tristesse ; mais, heureusement, cette vie terrestre n'est que la route qui conduit à la véritable vie, à la vie de l'amour et du bonheur.

Ecrivez-moi quelques lignes, très chère Madame, et croyez bien à ma pieuse et constante sympathie.

Sœur Marie-Christine de Sion.

☦

*Monsieur de Bosredon, ancien conseiller d'Etat, à
Madame Espinasse.*

Paris, 4 août 1874.

Chère Madame,

En revenant d'un petit voyage, j'ouvre un journal et j'y trouve la nouvelle de l'affreux malheur qui vient de vous frapper. Je lis et je relis sans pouvoir en croire mes yeux. Eh quoi ! tant de jeunesse et de force, tant d'avenir, de si brillantes espérances, un caractère si franc, si aimable et si sûr, tout cela brisé, anéanti en quelques jours !... Quelle douleur pour vous, pour votre père, pour votre excellente mère !... Cette douleur, je ne saurais l'adoucir, mais je puis la partager, et je m'y associe de tout cœur. Croyez, chère madame, à mes sympathies dans cette cruelle épreuve, et agréez mes hommages bien dévoués.

de Bosredon.

✝

Monsieur le comte de Saint-Exupéry, ancien sous-préfet, à Madame Festugiere.

La Bourdinière, le 1er août 1874.

Madame,

Madame Borelly arrive d'Arcachon et nous apporte une nouvelle si imprévue, si triste, que je puis à peine croire ses paroles. Sans attendre leur confirmation, je viens vous dire combien j'ai été impressionné par le malheur qu'on vient de nous annoncer, et combien je m'associe à une douleur dont je mesure toute l'étendue.

Vous avez eu, Madame, bien des joies, bien des satisfactions dans votre vie ; vous avez eu aussi vos douleurs ; je ne crois pas qu'il en soit de plus grande pour une mère que la mort de son fils, et je vous plains du fond du cœur. Quand on arrive au soir de la vie, on regarde avec complaisance ceux qui doivent continuer notre œuvre, ceux qui doivent nous remplacer sur cette terre ; mais quand la mort vient sans pitié détruire cette harmonie et enlever ceux qui doivent nous succéder, cette vie devient bien dure et il faut plaindre ceux qui survivent.

J'ignore la cause du malheur qui vient vous éprouver si cruellement et d'une manière si imprévue ; j'ai de la peine à me figurer que votre pauvre Daniel si robuste, si plein de vie, n'est plus au milieu de vous. Ma pensée se fait difficilement à ce vide dans un intérieur si uni où il semblait que la Providence avait béni les siens.

Alix, M. et Mme des Pictière, ont été, comme moi, vivement impressionnés par cette nouvelle inattendue, et nous ne pouvons détacher notre pensée de votre Ruat si triste aujourd'hui. Alix et moi unirons demain, à la messe, nos prières en faveur de celui que vous pleurez.

Veuillez, Madame, être auprès de Monsieur Festugiere et de Madame Espinasse, l'interprète de mes sentiments de triste sympathie et croire à toute la part que je prends à votre douleur.

Votre dévoué serviteur,

F. DE SAINT-EXUPÉRY

✝

Monsieur de Féligonde, à Madame Espinasse.

Paris, vendredi 6 août.

Chère Madame,

J'ignorais le malheur qui vient d'arriver, j'étais absent de Paris, où je ne suis revenu que hier. Votre lettre m'arrive, ainsi que le billet de faire part que je me suis trouvé lire avant. Je le lisais et relisais sans pouvoir comprendre !... tant l'esprit se refuse à croire un malheur aussi prompt ! Je suis bien sensible à votre souvenir au milieu de votre tristesse. Et croyez que je regardais ce pauvre Daniel comme l'un de mes meilleurs amis. Il est donc bien naturel que je m'associe à votre deuil ; et dimanche vous me direz comment est mort ce pauvre Daniel que j'avais vu si plein de vie et si jeune.

Il n'y a aucune expression de consolation à faire parvenir à vos malheureux parents. J'espère que néanmoins vous voudrez bien leur dire quelle part je prends à leur chagrin et au vôtre, et combien aussi mes regrets sont personnels.

Je ne sais si Monsieur et Madame Festugiere viennent avec vous, aussi je compte passer rue de Calais avant ce soir.

Agréez, chère Madame, l'expression de mes sentiments de condoléance, et croyez-moi votre tout dévoué.

A. Féligonde.

☦

*Monsieur Arthur Le Roy, ancien maître des Requêtes
à Madame Festugiere.*

30 juillet.

MADAME ET BIEN MALHEUREUSE AMIE,

Quelle nouvelle à notre retour à Paris? Nous arrivons ce soir de Dieppe, et nous voyons en lisant l'*Ordre* que Daniel Festugiere n'est plus! Je ne veux pas en croire mes yeux et je cours rue de Calais, et là on ne peut me donner que la confirmation de la désolante nouvelle. A mon retour, Blanche fond en larmes. Comment ce brave et digne fils ravi à tant d'affections!

Quel brisement pour notre pauvre cœur! Une force pourtant le contiendra; c'est la religion, c'est l'ardeur de votre piété. Oui, Madame, peu d'âmes sont aussi ferventes que la vôtre, et cette ferveur vous servira à vous conserver pour les vôtres, et à montrer à tous cette force surnaturelle, qui fait supporter de pareilles épreuves.

Ah! si ma bonne et excellente mère était encore de ce monde, elle vous dirait comment on doit accepter les décrets de Dieu, quelque durs qu'ils soient!

Veuillez dire à Monsieur Festugiere que notre pensée ne le quitte pas non plus; nous vivons à Ruat au milieu de votre deuil et déplorons les empêchements qui ne nous permettent pas d'aller partager vos douleurs.

Nous ne pouvons vous dire que par lettre combien notre sympathie est profonde, mais elle est bien profonde. Nous serons unis toute la journée de demain avec vous tous.

Tout à vous de cœur et d'affection.

A. Le Roy.

P. S. — J'irai voir Jules dimanche et j'écrirai aussitôt après à Madame Espinasse.

☦

Monsieur de Gironde, ancien auditeur au Conseil d'Etat, à Madame Espinasse.

14 août 1874.

Madame,

Comment vous dire ce que j'ai ressenti en trouvant hier, à mon retour à Rouen, ce malheureux billet de deuil; Daniel, que je venais de quitter à peine, et si bien portant! comment cela se peut-il, et quelle affreuse épreuve pour Madame Festugiere et pour vous tous! Je ne veux pas que vous puissiez croire que je reste étranger à votre douleur, qu'un deuil bien récent aussi me fait peut-être mieux comprendre, et je vous prie de vouloir bien agréer, Madame, l'expression de mes sentiments de très respectueuse et très profonde condoléance.

De Gironde.

☦

Monsieur Reboul de Neyrol, ancien auditeur au conseil d'Etat à Madame Espinasse.

3 août.

Madame,

Les journaux m'apprennent l'horrible malheur qui vient de frapper votre famille et vos amis, au nombre desquels vous avez toujours bien voulu me compter.

J'ignorais même que notre pauvre Daniel fût souffrant, et la triste nouvelle est venue comme un coup de foudre. Depuis de longues années jusqu'aux derniers événements, nous nous étions constamment suivis, votre frère et moi ; je sais mieux que qui que ce soit la perte que nous avons faite, et je prends, je vous assure, une grande part à votre douleur.

C'est le premier vide qui se fait parmi notre petite troupe, et de vieux et bons amis comme celui que nous venons de perdre ne se remplacent plus.

Veuillez agréer, madame, et prier madame Festugiere d'agréer avec l'expression de ma bien vive douleur mes plus respectueux hommages.

Reboul de Neyrol.

✝

Monsieur René de Mas Latrie, ancien auditeur au conseil d'Etat, à Madame Festugière.

Paris, lundi 3 août 1874.

CHÈRE MADAME,

Pardonnez-moi de venir vous troubler au milieu des larmes que doit causer à sa bonne mère la perte du pauvre Daniel. Mais je ne veux pas tarder plus longtemps à vous dire tout le chagrin de ceux qui le connaissent depuis longtemps et qui avaient pu connaître ce qu'il possédait de si rare, un bon cœur. Je ne puis encore me figurer que je ne reverrai plus ce bon ami, si bon, si gai, si obligeant; il y a peu de temps encore nous causions tous deux de l'avenir, et bien qu'il y eût quelques nuages, il était confiant, il espérait et il en avait bien le droit. Je n'aurais jamais cru que l'on pût disparaître si vite et si jeune ! Je ne l'ai pas su malade ! la première nouvelle a été le petit mot d'Hippolyte m'annonçant la douloureuse perte que nous faisions tous. Je ne vous dirai pas le chagrin que j'ai eu, vous savez si j'aimais mon pauvre Daniel, et les bontés que vous avez eues pour moi sont les meilleures preuves que vous savez toute l'affection que je portais à celui qui n'est plus.

Je sais que dans de pareils malheurs rien ne peut soulager le cœur d'une mère. Mais néanmoins il est doux de savoir combien la perte que l'on a faite est partagée, et combien celui que l'on a perdu laisse de regrets derrière lui.

Si c'est là une faible consolation, vouz l'avez bien complètement, et pas un de ceux qui l'ont connu n'apprendra cette terrible fin sans en éprouver de bien vifs regrets. Les quelques amis auxquels j'en ai fait part en ont tous été bien affectés, et le bien qu'ils m'ont dit de Daniel a trop fait de plaisir à son ami pour qu'il ne vous en parle pas.

Veuillez, je vous prie, chère madame, être auprès de Monsieur Festugière mon interprète, et lui dire combien celui que vous avez si bien accueilli à Ruat prend part au cruel malheur qui vous frappe.

Adieu, chère madame, puisse le bon Dieu soulager votre douleur, et grâce à l'affection des petits enfants adoucir la perte d'un fils bien aimé. Croyez, je vous prie, aux plus affectueux sentiments de celui qui n'oubliera jamais ce bon Daniel.

René de Mas Latrie.

†

Monsieur R. de Choiseul à Madame Espinasse, Paris.

Permettez-moi, Madame, de vous dire combien je pense à vous, en présence de la perte irréparable que vous venez de faire ; quel vide, quelle douleur de tous les instants pour vous, qui étiez si justement fière de lui et de l'adoration sans bornes qu'il avait pour vous ! Quant à moi, je sais que le souvenir si complet et si complètement honorable du pauvre Daniel ne s'effacera jamais de ma mémoire. — S'il pouvait y avoir pour Monsieur et Madame Festugiere quelque consolation dans les regrets bien sincères laissés par votre pauvre frère chez tous ses amis, veuillez leur parler de moi; et pour vous, chère madame, croyez bien, je vous prie, à tous mes meilleurs sentiments.

R. DE CHOISEUL.

Paris, lundi, 10 octobre 1874.

☨

Monsieur René Clauzel à Madame Festugiere.

Samedi 1er août 1874.

CHÈRE MADAME ET AMIE,

J'apprends à l'instant, par Cahuzac, l'affreux malheur qui vient de vous frapper, et j'en suis si accablé moi-même, que je ne sais trouver d'expressions pour vous dire mes sympathies. Je serais près de vous en ce moment pour partager votre douleur et vous assister en cette cruelle occurrence, si je n'étais retenu au lit, d'où je vous écris, par un mal de pieds qui me condamne à une immobilité absolue. Il m'en coûte cruellement de ne pouvoir mêler mes larmes aux vôtres, et porter à mon cher et regretté Daniel le dernier adieu d'un ami qui le pleure du fond du cœur.

Mais vous connaissez trop ma sincère affection pour ne pas comprendre qu'elle me porte en ce moment près de vous, et voudrait, en la partageant, adoucir votre immense douleur. Je prie Dieu de vous donner la force et la résignation nécessaires pour supporter le coup dont il vous frappe, et je puis espérer que la foi et la religion sauront vous inspirer les consolations que je renonce à vous adresser. — Mon premier pas, chère madame, sera pour vous porter moi-même l'expression des sentiments qui m'inspirent ces quelques lignes. Jusques-là, je vous prie de vouloir bien en être l'interprète auprès de M. Festugiere; et je pleure du fond du cœur sur l'affreux malheur qui me donne ici l'occasion de vous renouveler le témoignage de ma bien sincère et respectueuse affection.

R. Clauzel.

†

Monsieur Edouard Troplong à Madame Festugiere.

Paris, 34 juillet.

Chère Madame,

J'ai le cœur réellement brisé par la douleur, et je pourrais au besoin écrire cette lettre avec mes larmes !! Vous avez perdu un excellent fils, et moi, je suis privé d'un charmant camarade, et qui plus est, d'un bon et cher ami. Je ne puis vous traduire l'impression douloureuse qui s'est emparée de moi, tout à l'heure, lorsque j'ai reçu le billet de M. Hippolyte Cahuzac, m'annonçant que Daniel n'était plus..... Pauvre ami, lui qui naguère me pressait de revenir dans la Gironde, et faisait briller devant mon imagination une série de parties de plaisir!!!

Quelques instants après le billet de Cahuzac, je reçus la visite de M. Théophile Gautier qui, sachant mon grand attachement pour vous et pour votre cher fils, venait également m'annoncer la fatale nouvelle. Il m'a quitté pour aller au télégraphe et envoyer une dépêche à la princesse Mathilde.

Comment faire pour avoir quelques détails sur la maladie et la fin de mon pauvre Daniel ? Je n'ose vous les demander, chère madame, car ni vous, ni Mme Espinasse, n'avez sûrement la liberté d'esprit nécessaire pour écrire ! Et cependant je suis avide de savoir tout ce qui s'est passé. Lorsque la foudre est tombée quelque part, on suit avec anxiété les traces de son sillon et les effets de sa dévastation. Dans ce but, je vais écrire à mon père pour le prier d'assister à la cérémonie funèbre, et de recueillir les renseignements sur tout ce qui m'intéresse. Une circonstance personnelle aggrave encore mon chagrin ; je ne puis aller jeter ma goutte d'eau bénite sur le cercueil de Daniel, car je pars demain samedi pour la Normandie, où ma tante m'appelle à cor et à cris. J'aurais voulu avoir la triste consolation de mêler mes larmes aux vôtres, et de serrer dans mes bras le pauvre père, la chère mère et mon excellente amie Madame Espinasse. Mon père me remplacera, Madame. Il connaît toute mon affection pour votre famille, et il apportera au pied de l'autel mes prières et toutes celles de la famille Troplong. Je vous assure qu'elles partent d'une réunion de cœurs qui sentent vivement tous les déchirements du vôtre.

Permettez-moi, chère madame, de vous embrasser, je crois que ma qualité d'ami de votre fils m'en donne le droit, et je tiens à en user. Je vous prie, en outre, de transmettre tous mes sentiments à Monsieur Festugiere, à Madame Espinasse, à Mesdemoiselles Adrienne et Caroline et à Jules, qui, je l'espère, a pu prendre un congé pour aller vous prodiguer ses consolations.

Votre respectueux serviteur.

E. TROPLONG.

J'ai envoyé tout à l'heure une dépêche à Monsieur votre mari.

✝

Monsieur Pierre Pastié à Madame Festugiere.

Paris, 3 août 1874.

MADAME,

J'apprends en arrivant de Londres l'épouvantable malheur qui vous frappe. J'en suis resté attéré.

Vous savez l'amitié fraternelle que j'avais vouée à votre fils; ses amitiés d'esprit et de cœur le rendaient cher à tous; et ceux qui, comme moi, avaient pu connaître l'immensité de ses qualités s'étaient attachés à lui pour la vie. Hélas! qui nous eût dit, il y a quelques jours à peine, que tant de jeunesse, de force et de santé ne nous garantiraient pas contre le coup qui en vous frappant, Madame, nous atteint tous ensemble. Quelle consolation humaine peut-on apporter à votre cœur de mère, dans l'affreux déchirement qu'il éprouve ! Hélas, je n'en connais point. C'est au cœur de la chrétienne seul qu'il faut demander un redoublement de foi et de force dans cette terrible épreuve. Vous étiez déjà, Madame, parmi ceux que le Créateur désigne pour être ses élus, et vous étiez ornée de toutes les vertus; une seule vous manquait parcequ'elle vous était inutile, c'était la résignation. Dieu vous demande aujourd'hui d'ajouter cette vertu à votre couronne de sainte, et ce Dieu qui vous éprouve si cruellement, demeurera votre consolation, votre force et votre refuge.

Dites bien, Madame, à ceux qui vous restent pour vous aimer et pour vous faire encore supporter la vie, dites à Monsieur Festugiere et à Madame Espinasse, ma profonde douleur et combien je les plains de leur malheur. C'est le cœur déchiré et les larmes aux yeux que je vous prie, Madame, d'agréer pour vous et pour tous les vôtres l'expression de mes sentiments douloureux et profondément attachés.

Pierre Pastié.

✝

Monsieur l'abbé E. Lanusse, aumônier de l'école militaire de Saint-Cyr, à Madame Espinasse.

Ecole de Saint-Cyr, 2 août 1874.

Madame,

Votre cher enfant m'a appris votre grand malheur et le sien. Il me disait hier au soir qu'il était heureux de m'avoir eu pour être un peu sa consolation; je voudrais être aussi la vôtre, en vous disant la part que je prends à votre si grande douleur.

Il y a de quoi en effet être profondément affligé, d'après tout ce que m'a dit votre cher enfant et mon ami, que tout le monde aime parce qu'il le mérite sous tous les rapports. On aurait dit qu'il venait de perdre son père tellement sa douleur était grande. Il était vraiment désolé ce cher fils qui a tant de cœur. Il m'a prié de dire la sainte messe pour son oncle. Je l'ai dite hier samedi, et il y a assisté avec un de ses camarades. Je le reverrai encore, je lui ai dit que j'allais vous écrire. Cette pensée lui a fait du bien, « oui, m'a-t-il dit, écrivez à ma pauvre mère. Votre lettre soulagera un peu son cœur, ainsi que le cœur de mes grands parents. » Regardez donc mes paroles comme un témoignage de ma profonde sympathie. Regardez-les aussi un peu comme si elles étaient écrites par celui que vous aimez tant avec vous.

Dieu fait à vous tous votre force et votre consolation dans cette si grande épreuve venue après beaucoup d'autres, hélas !

Veuillez bien agréer l'expression de tous mes sentiments les plus respectueux.

E. LANUSSE, aumônier de l'École.

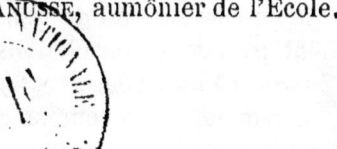

Monsieur l'abbé Fonteneau, curé de Ruffec, à Madame Festugiere.

Bien excellente Madame,

Je me suis toujours, dans le secret de mon cœur, réjoui avec vous de toutes vos joies, de tous les succès de vos chers enfants, de tous les bonheurs qui sont venus récompenser vos mérites et vos si rares et si précieuses qualités. J'espérais que toute ma vie je pourrais m'associer ainsi, sans vous le dire, à tous les événements prospères de votre famille. Je me permets de rompre le silence aujourd'hui, devant le coup qui vient de vous frapper, devant le malheur qui vous *écraserait*, si vous n'étiez la chrétienne que je connais depuis de longues années. Ah! chère madame, l'enfant de votre sein, de votre sollicitude, de votre amour sans égal, de nos espérances jusqu'ici si couronnées de succès, *votre vie*, ne peut être *mort;* vous le reverrez, vous vivrez avec lui, vous aurez avec lui d'ineffables et d'éternelles félicités. Je n'oserais tenir ce langage devant tant de gens qui ne le comprendraient pas. Mes consolations paraîtraient *exagérées* ou *banales*. Vous, vous savez et vous croyez et, plus que personne, vous comptez sur *l'avenir*. Vous êtes la femme forte de l'Ecriture; en lisant les textes sacrés, j'ai souvent pensé à vous. Le bon Dieu vous fournit la cruelle occasion de lui donner des preuves de votre courage, de votre résignation, de votre foi, de votre confiance, de votre énergie.—Pleurons—la terre est une vallée de larmes ; mais méritons et sanctifions, de plus en plus, les *jours* qui nous restent, afin de les rendre heureux et sans terme un *jour*.

Mes larmes coulent abondantes et sincères. Mon cœur se souvient de tout et de tous : dans l'expression de ma vive sympathie, voyez l'élan de mon respect, de ma gratitude et de tout l'attachement inviolable que votre bienveillance et vos gracieusetés gratuites m'ont toujours si profondément inspiré. Ne m'oubliez pas près *d'aucun des vôtres*. Je prie de toute mon âme *pour vous* et pour lui !

L. Fonteneau, curé de Ruffec.

3 août 1874.

Ma vive sympathie à Monsieur Festugiere et à Madame Espinasse. Mes plus vives et plus sincères condoléances, s'adressent aussi à eux.

✝

Madame Trotters, à Madame Espinasse.

Ballendean House inchturn, 5 août 1874.

Bien Chère Madame,

Dans une pareille douleur, les paroles, il est vrai, sont bien impuissantes, mais je ne puis résister au desir de vous exprimer la part que nous prenons, le colonel et moi, dans votre terrible épreuve.

Si la sympathie du cœur pouvait en quelque sorte adoucir votre peine et celle de vos chers parents, elle vous est acquise depuis longtemps et bien réellement ! Nos cœurs sont accablés en songeant à l'angoisse de vos cœurs brisés par ce coup navrant, par le vide affreux que la mort de votre bien aimé frère va faire dans votre vie de famille. — Vous étiez tous si affectueux, si unis, si dévoués les uns aux autres, que cette séparation n'en sera que plus cruelle.

Veuillez, chère madame, être notre interprète auprès de votre excellente mère, dites-lui combien, le colonel et moi, pouvons rentrer dans l'amertume de sa plaie, ayant passé, il y a quelques années, dans ces mêmes eaux profondes, la perte d'un fils unique et adoré.

Que le Seigneur tout-puissant vous enveloppe de son amour, de sa miséricorde, et vous donne, les uns et les autres, la force et la résignation. C'est de sa bonté que vous jouissiez du bonheur de posséder ce fils, ce frère bien aimé, et c'est lui, béni soit son nom ! qui vous le retire. Puissiez-vous élever vos âmes en confiance, et recevoir sa grâce et sa bénédiction.

C'est en ouvrant ce matin, notre journal *l'Ordre*, que nous avons appris cette nouvelle. Il est bien certain, qu'en dehors de votre famille, la perte de votre frère sera également vivement sentie ; aimé de tout le monde, et quoique jeune en années, il avait sû s'entourer du respect et de l'estime de tous ceux qui l'ont connu. — Pour notre cher Prince, c'est aussi une perte bien sensible. Souvent en récapitulant les noms de ceux sur lesquels l'on pourrait compter dans l'avenir, le nom de Daniel Festugière apparaissait toujours comme celui d'un cœur droit et loyal, dévoué à toute épreuve. De tous côtés, les regrets ne sauraient être qu'unanimes.

Je crains que les chaleurs excessives que vous avez

eues en France, aient contribué à ce malheur ; nous espérons vivement que la fièvre n'a pas atteint d'autres membres de votre famille, et que les santés de votre fils et de vos chères filles, ne laissent rien à désirer.

Je n'ai pu exprimer que bien faiblement notre sympathie pour vous, pour votre mère et toute la famille.

Veuillez m'excuser et agréer l'assurance de nos sentiments de condoléance. Le colonel et mes filles se joignent à moi bien vivement.

A Madame Festugiere, nos souvenirs affectueux, et à vous, chère madame, l'assurance de mon dévoûment et de mon amitié.

Marie TROTTERS.

✝

Madame Meurteau à Madame Espinasse.

Château Tayac (Bourg-sur-Gironde).

MADAME,

Quel coup affreux et inattendu vient vous frapper, pauvre chère amie, j'en ai l'âme brisée. Quoi, votre cher Daniel si beau, si jeune, si plein de vie, de vaillance et d'énergie nous est enlevé? c'est un deuil général qui nous atteint tous en plein cœur. Quelle perte pour la France que ce noble caractère, vrai type du chevalier français, modèle accompli offert à notre nouvelle génération pour lui donner l'exemple d'un ardent patriotisme, pour montrer à tant de jeunes gens insoucieux des maux de la patrie, comment il savait, lui, sacrifier tous les entraînements, tous les plaisirs de son âge et de sa position à un dévoûment entier et inaltérable.

Devant cette terrible épreuve ajoutée à celles que vous avez déjà subies, quoique si jeune encore, en songeant à votre pauvre mère, à votre malheureux père, j'ai besoin de me dire que Dieu réserve ces immenses douleurs aux âmes choisies, aux âmes d'élite, sanctifiées par la foi, la sublime résignation et les divines espérances.

Ma vieille amitié sollicite de la vôtre quelques lignes pour me rassurer sur vos chères santés. Sans le devoir impérieux qui me retient auprès de mes filles, je serais allée joindre mes pleurs et mes prières aux vôtres.

Je suis avec vous de cœur et d'esprit. Je vous embrasse ainsi que vos chères filles et votre cher fils si digne de son père et de vous.

Votre vieille amie, M. MEURTEAU.

✝

Madame A. C... à Madame Festugiere,

Fargues, 6 août.

PAUVRE CHÈRE AMIE,

J'ai lu bien des fois ta lettre; j'avais besoin de ces douloureux détails pour que mon cœur fût encore plus uni au tien.

J'avais pressenti tout ce que tu me racontes, et dès le

samedi 1ᵉʳ août, dans ma petite église de Fargues, je disais à Dieu :

« Souvenez-vous, mon Dieu, de ces messes du samedi, offertes si souvent pour cette chère famille.

« Pitié, mon Dieu, et miséricorde au jour d'une si grande affliction; et les grâces que cette tendre mère vous demandaient pour ses enfants, accordez-les, mon Dieu, et avec abondance, à ce fils bien aimé que vous venez de lui reprendre. » Et il me semblait que ce Dieu, qui fut touché des larmes de la veuve de Naïm, ne pouvait être insensible à ta douleur; qu'il faisait pour ton fils bien mieux que pour l'enfant de cette pauvre veuve; car, après une prolongation de vie, il faut encore mourir; mais pour ton fils, il me semblait que Dieu lui ouvrait les portes du ciel et lui donnait les joies de la vie éternelle.

Cette croyance calme l'amertume des regrets, elle devient même une douceur.

Dieu qui nous frappe sait aussi nous consoler.

Pauvre mère, toi qui rêvais dans ta tendresse une existence si heureuse pour le fils bien aimé, Dieu lui a donné une félicité bien supérieure à celle que tu aurais choisie !

Confions-nous en Dieu, laissons-lui conduire nos destinées, il sait mieux que nous ce qu'il nous faut.

Tout cela ne m'empêche pas de compatir à ta douleur, de la ressentir presque aussi vivement que toi-même. Ma vie a été un deuil continuel, tu le sais; j'ai vécu avec mes pauvres morts bien plus que de la vie de ce monde; aussi comme je les aime !

Marie est partie pour Paris avec nos fillettes, elles vont revoir ton cher Jules.

Que Dieu bénisse et vous conserve le seul et dernier fils !

Plus tard, quand il nous sera donné de nous retrouver ensemble, tu me feras lire de tes lettres qui sont si bien.

Pendant ton séjour à Paris, procure-toi deux livres qui te feront du bien et que ton mari lira aussi, ce sont : *Souvenirs de ma Jeunesse*, par le père Gratry, et *Consolations*, par le R. P. Lefebvre ; tu trouveras là surtout, dans le premier ouvrage, de douces pensées, de saintes espérances, qui apporteront quelque soulagement à ton pauvre cœur endolori.

Adieu, pauvre chère amie, je t'embrasse, je t'aime et je souffre avec toi.

Léontine.

✝

Monsieur l'abbé Paquier, curé de Giscos, à Madame Festugiere.

Madame,

Le Seigneur vous donne sa paix !

Vous pleurez amèrement : c'est très juste. Aussi votre humble serviteur ne vient-il pas tenter de sécher vos larmes : non ; il estime cela au-dessus de son pouvoir. Il vous demande seulement, madame, la faveur de pleurer avec vous, de partager le calice de vos amertumes, de faire bien le sujet de votre désolation. Hélas ! qui m'aurait dit que je serrais cette main fraternelle pour la dernière fois, il y a si peu de temps ? que nous en étions déjà au dernier adieu ?

Mon Dieu, ne permettez pas que nous proférions aucune plainte contre votre paternelle Providence ! Toujours vous êtes tendrement bon, même lorsque vous paraissez bien sévère. Consolez vous-même, Seigneur Jésus, ces âmes affligées ! que votre divin cœur les fasse se souvenir des célestes demeures, où se reverront, dans une éternelle et inénarrable joie, ceux qui se seront saintement aimés sur la terre.

Enfin, madame, je demanderai au bon Dieu, du mieux qu'il me sera possible, qu'il hâte la délivrance, au cas qu'elle ne soit pas encore opérée.

Elevons bien haut nos cœurs : il le faut absolument, sous peine d'être vite abattus. Ce que je vous offre, madame, je l'offre, dans la mesure convenable, à tous les cœurs qui partagent votre chagrin, et que le même coup frappe en même temps.

Je suis, dans la charité de N. S., madame, votre bien humble et bien fidèle serviteur,

PAQUIER, curé de Giscos.

✝

Monsieur Alexandre de Girardin à Madame Espinasse.

Château d'Agnetz, par Clermont (Oise),
14 octobre 1874.

Nous recevons à l'instant, chère madame, la lettre qui nous apprend la mort de notre pauvre ami Daniel. C'est épouvantable. Nous ne le savions pas malade.

C'est une grosse douleur pour nous, car nous l'aimions de tout cœur. Il y a des douleurs tellement vives, des malheurs tellement irréparables, qu'on ne trouve la force et le courage de les supporter, qu'en vivant avec elles et en les regardant en face. Ce n'est donc pas une parole consolante que nous voulons vous envoyer aujourd'hui, Ninette et moi ; c'est une simple pensée de tristesse et de douleur pour vous dire que notre cœur est avec vous.

Ninette vous embrasse, et moi, chère madame, je vous envoie l'assurance de mon profond respect.

Alexandre de Girardin.

Monsieur Barge à Madame Espinasse.

Paris, le 3 août 1874.

Madame,

Je viens de lire une nouvelle dans le *Gaulois*, qui me consterne et me fait la plus grande peine; et je n'y puis croire. Est-il vrai, Madame, qu'un malheur aussi grand vous soit arrivé ? et que ce brave enfant n'existe plus ? Je ne puis y croire, Dieu ne voudrait pas affliger les honnêtes gens de la sorte; et jusqu'à confirmation, j'espère toujours que le journal aura mal dit.

Vous m'excuserez, Madame, si malheureusement ce brave garçon n'existe plus, d'avoir troublé votre douleur qui doit être très grande; mais il est impossible, quand on a encore le bonheur de connaître une nature si droite et si bonne, de ne pas s'associer à la douleur que doivent éprouver ses bons parents.

Veuillez croire, Madame, aux sincères respects que j'exprime peut-être mal, mais qui partent du plus profond de mon cœur.

Votre très humble serviteur.

BARGE.

✝

Napoléon Bourgoing à Napoléon Espinasse.

Arenemberg, 3 août.

MON CHER AMI,

Quel affreux malheur est venu fondre sur ta famille ! tous nous en avons été bien affligés, et je veux te dire, moi aussi, quelle part je prends à votre douleur. Tu as perdu dans Monsieur Festugiere plus qu'un oncle : un père ; le Prince, un sujet dévoué, et nous un ami que nous regretterons toujours.

Nous espérons pourtant que cette mort affreuse ne t'empêchera pas de venir à Arenemberg prendre tes vacances.

Je dépose aux pieds de Madame Espinasse tous mes hommages, et te prie de croire, mon cher ami, à mes sentiments les plus affectueux et les plus dévoués.

BOURGOING.

✝

Tristan Lambert à Napoléon Espinasse,

Arenenberg, le 3 août.

Mon cher Ami,

Je viens te dire de suite la *très-grande, très-vraie part* que je prends à l'épouvantable malheur qui vient de te frapper si subitement.

Outre le malheur de famille, notre parti fait une très-grande perte.

Cela aurait certainement été une consolation pour toi et les tiens, de voir la part *profonde* que tous ici ont prise à votre douleur. Le Prince Impérial et l'Impératrice en ont un véritable chagrin.

Depuis deux jours, ils parlent sans cesse de vous dans les *termes les plus affectueux.*

Leurs Majestés ont fait dire ce matin une messe de mort pour le repos de l'âme de ton oncle, à laquelle nous avons tous assisté.

Crois bien, mon cher ami, que je m'associe complètement à ta douleur, et que tu ne peux avoir une joie ou une peine qui ne soit partagée très-vivement et très-sincèrement par ton vieil ami qui t'embrasse de tout son cœur.

Tristan Lambert.

✝

Un grand nombre de lettres sont encore là sous mes yeux; mais je m'arrête, ne pouvant les publier toutes.

Il m'a fallu faire violence à des sentiments dont tout le monde comprendra le côté touchant et délicat, pour avoir communication de ces lettres, et obtenir que cet opuscule vît le jour. Il est destiné aux amis du cher mort. J'ai pensé que leur affliction en serait adoucie.

Alexis DOINET.

www.ingramcontent.com/pod-product-compliance
Lightning Source LLC
Chambersburg PA
CBHW070522100426
42743CB00010B/1909